股权投资术

人人都学得会的股权财富课

于智超　著

中国财经出版传媒集团
中国财政经济出版社

图书在版编目（CIP）数据

股权投资术：人人都学得会的股权财富课 / 于智超著 . -- 北京：中国财政经济出版社，2022.6
ISBN 978-7-5223-1454-9

Ⅰ . ①股⋯ Ⅱ . ①于⋯ Ⅲ . ①股权—投资基金 Ⅳ . ① F830.59

中国版本图书馆 CIP 数据核字（2022）第 088932 号

责任编辑：郁东敏　　责任校对：胡永立
封面设计：亢莹莹　　责任印制：刘春年

股权投资术：人人都学得会的股权财富课

GUQUAN TOUZISHU: RENREN DOU XUEDEHUIDE GUQUAN CAIFUKE

中国财政经济出版社出版
URL：http: //www.cfeph.cn
E-mail: cfeph@cfemg.cn

社址：北京市海淀区阜成路甲 28 号　邮政编码：100142
营销中心电话：010-88191522
天猫网店：中国财政经济出版社旗舰店
网址：https://zgczjjcbs.tmall.com
文畅阁印刷有限公司印刷　各地新华书店经销
成品尺寸：145mm × 210mm　32 开　9.5 印张　175 千字
2022 年 6 月第 1 版　2022 年 6 月第 1 次印刷
定价：78.00 元
ISBN 978-7-5223-1454-9
（图书出版印装问题，本社负责调换，电话：010-88190548）
本社质量投诉电话：010-88190744
打击盗版举报热线：010-88191661　QQ：2242791300

中国资本市场 50 人论坛书系
简介

中国资本市场 50 人论坛（K50 智库）是非盈利性质的与中国多层次资本市场相关的独立智库，该智库由中国人民大学金融界、产业方、科技圈和政府部门四大领域的杰出校友发起，论坛致力于为中国资本市场的参与者、研究者和政策制定者提供一个高端交流平台，推动经验分享、思想交流与学术碰撞，为相关机构的政策研究和业务实践提供一线素材与经验参考，为中国的多层次资本市场建设提供专业智慧与行业洞见，并致力于成为中国资本市场的第一智库。

K50 智库邀请金融机构高管、上市公司董事长、两院院士以及地方政府、科研院所、工业和信息化部、科学技术部、国家发展和改革委员会等多个领域的杰出人士参与，集聚资本方、产业界、科技圈的领军人才与精英翘楚，打造政企（地方政府与企业）、资企（资本与企业）、研企（科研机构与企业）、企企（龙头企业与中小企业）四大交流平台，努力成为中国资本市场最具影响力的高端智库与思想引擎。

K50智库组织闭门会议和专题研讨会，形式包括“宏观经济峰会”“上市公司闭门研讨”“龙头企业产业链论坛”“地方高新区沙龙”“科技创新研讨”“高层内参”“专项课题研究”等。K50智库创设的“中国资本市场50人论坛书系”，专注于资本市场、产业变革、科技创新与地方政府投融资，通过组织各领域一流专家资源，凝聚产业力量，汇集资本智慧，定位“从产业视角看金融，从资本逻辑看未来”，打造“望宏观之势、闻资本之道，问产业之法，切管理之术”的全体系知识图谱。

| 推荐序 |

投资之“投”和“资”

苹果资本眼中的投资可以从“投”和“资”两个维度考量。“投”包括投哪个行业，投哪个阶段的企业，投什么样的人才和什么样的技术，以及选择什么样的商业模式来投；“资”包括“资金”的投出、“资源”的赋能、“资历”的加持等。

首先，投资的行业和阶段选择必须具有关键性和前瞻性。从社会发展历程来看，我们已经从工业时代全面迈入信息时代。信息时代的基石是网络与信息安全，创新技术的突破又是抢占信息时代主导权的关键。以苹果资本为例，正是基于对网络安全行业的前瞻性判断，当 2009 年国内的人民币 VC（风险投资）还属于起步阶段，且很少有机构关注网络安全这个垂类赛道时，苹果资本便持续专注于网络与信息安全行业内企业 VC 阶段的投资，所投企业引领了网络安全创新技术的发展方向。苹果资本经历了过去十几年中国 VC 从萌芽到成熟的飞速发展，经历了多个资本寒冬，也见证了 VC 圈各个行业风口的兴衰。苹果资本之所以能在中国 VC 大浪淘沙的风起云涌中不断发展壮大，是因为苹果资本对行业的预判极具前瞻性。

其次，投资的人才和技术必须具有创新性和突破性。信息时代，产业的迭代速度更快，人才的迭代也随着技术的不断进步而交替轮换。具备创新能力的人才和突破性技术是抢占信息时代发展制高点的重要保证。只有加强前沿技术攻关，瞄准国家重大战略，满足统一大市场需求，才能让技术创新产生巨大价值，使企业在激烈的市场竞争中保持优势。以创新之举聚创新人才，是苹果资本的聚才之道。苹果资本善于发掘和培育创新型网络安全创业人才，通过“筑巢引凤”，让人才心无旁骛地进行技术突破，为人才创新创业创造良好条件，做到人尽其才。人才创造的价值在网络安全领域的传播效应可以无限放大，相较于传统行业，人才在网络安全领域更能“人尽其用”。

再次，商业模式的选择和投出什么样的“资”息息相关。对专业投资机构而言，投出的“资”并不单单是资金，更多的是资源的赋能和资历的加持。任何一家企业在任何发展阶段，需要的都不仅仅是钱，而是企业发展到该阶段所需要的各类要素和资源。以网络安全行业为例，B2B 或者 B2C，不同的商业模式需要的资源极为不同，例如企业的市场营销，B2C 需要时下最流行的流量导入；B2B 则需要技术领先、性价比高的技术解决方案和综合市场能力，在此模式下，企业需要的更多是良好的股东背书、标杆客户的协助、政府公共关系的导入等资源以及丰富的市场经验、阅历和处理关系的方式等。苹果资本最擅长的就是帮所投企业打造市场营销能力，获取标杆客户，让企业快速做大做强。

最后，投资的目的是获取更多的商业价值。苹果资本坚持走自己最专业的路，做行业内最有洞察力的决策，不断垒高行业资历；做行业内最具深度的资源整合，不断为企业赋能；做资金高回报高效率运作的新模式，不断创造更高的商业价值。资本在“资历”上积累越深，“资源”就越多，“资金”使用效率就越高，就能够给投资人创造行业领先的价值回报。

于兄在金融领域深耕数十载，有着丰富的实战经验、独到的投资逻辑和众多的资源关系。我有幸在第一时间拜读了于兄的首部大作《投资人的逻辑》，其内容言简意赅、生动形象，深入浅出地讲明了投资的赛道、挑选标的的标准、尽职调查的方法、谈判的技巧等，许多内容与苹果资本的实践基本相似，实操性强。为了面向更广大的受众，让大家了解投资的基本逻辑，于兄在繁忙的工作之余，笔耕不辍，将所做所思写成《股权投资术：人人都学得会的股权财富课》这本书。新书打破传统投资书籍的介绍思路，独出巧思，想必一定能青出于蓝。于兄为人笃厚，做事谦逊低调，一直以传播知识、经验和心得，帮助行业年轻人降低知识壁垒，快速掌握投资要领，塑造投资能力为己任。同时，他也希望能为构建一个更理性、良性的投资生态圈出一份力。望于兄新书更为广泛地传播，在激变的时代中，传递务实的力量。

是为序。

苹果资本合伙人　张运霞

2022 年 4 月于凤凰汇

自序

何以解忧？唯有致富！

或许有人会说推崇致富不是正能量，其实，从理论上说，能量是标量而非矢量，只有大小之分，没有方向之别。本书传递的能量是普世价值观中认可的能量，依靠自身的努力实现富裕也是国家提倡的，在合法合规的同时，具备合理性。胆子大与行为中规中矩并不冲突，认知有盲区才是富不起来的真实原因。机会总是留给有准备的人的。天天喊着准备，又不知道该准备些什么，那就花点时间来扫除知识盲区，了解什么叫“股权投资”以及如何将一些“长钱”投入股权投资或通过参与企业运营的方式拿到股权激励。本书的目的就是破除传统理财方式的藩篱，将大家带入获得工资报酬之外的投资理财新领域。

在股权投资领域，价值是暂时的共识，赛道是共同的偏见，风口是偏见的叠加，泡沫是发酵的贪婪。想明白的投资人并不多，在自己和旁人经验认知的推动下，很多投资人都会被带到坑里，或者让本想短线获利的资金不得不变成了“长钱”。在投资领域，并非只要有股权投资专业知识，有足够多的资金，就一定能够趋利避害，选到正确的标的。“七分靠专业，三分天注定”，“恭喜发财”只能是句祝福的佳话。

本书通过案例分析和经验分享，对股权投资的相关理念进行剖析，希望能够给各位读者朋友带来资产管理的新路径，助大家早日踏上财富自由之路。

于智超

2022年2月于北京

目录

第 1 章
请给一个不想致富的理由

第 2 章
致富的前提是懂点儿投资方法论

第3章 你了解资本市场吗

第4章 抓住啥样的股权能实现财富自由

第5章 如何判断风口上哪头猪会飞起来

第8章 烂公司的坑是填不完的，但可以躲开

第9章 手里只有知识，那就创造原始股

第10章 要想原始股能增值，选个CVC当股东吧

第 11 章
股权激励也是致富利器

第 12 章
做天使投资需要有天使的命

第 13 章
成为公司股东，会获得什么“副产品”

第 14 章 跟你一起致富的同侪都有谁

第1章

请给一个不想致富的理由

生命的美感在于它的不可预期性，在于梦想归拢于心而现实付诸行动。主观能动性是能够影响实际践行力度的。电影《少林足球》中有一句台词：“做人如果没有梦想，那跟咸鱼有什么区别？”有多少人曾经梦想自己能平步青云，吃完苦中苦，必然成为人上人；后来才发现，吃苦是常态，是大多数人必经的阶段，但并非吃完苦就一定能成功。致富是每个人心头最柔软的心思，也是促使大家坚韧、好胜、提升的原动力。

人无股权不致富

新冠肺炎疫情尚未结束，不少国家在经济形势不好的情况下已经超发货币了。货币需要对抗通货膨胀，部分流向股市和楼市。面临这样的局面，想让手里的钱变多，就需要把鸡蛋放到不同的篮子里，基金产品是很普遍的选择。资金管理的配置方式本身选择就不多，“问渠那得清如许？为有源头活水来”，社会资金变多了，投入基金领域的资金也就增多了。

《增广贤文》里说：人无横财不富。古代人认为横财是不义之财，但这本书里提到的“横财”，不是偷鸡摸狗、坑蒙拐骗来的，而是让钱滚动起来，对资金加以融通，让财富从无到有、从少到多。笔者也是打工人，打工人靠固定工资是很难体悟到“致富”的畅快感的。自中国有 A 股以来，普罗大众的资本意识萌发了，炒股当天就能感受到 10% ~ 20% 的跌宕起伏。如果幸运地中了新股，还能让心情随着 40% 多的涨幅以及未来连续多个涨停攀升到快乐的巅峰。A 股仿佛成为少数人快乐的源泉，也成为大多数股民的悲喜交加之地。

经常有人讲“人不理财，财不理人”，也有人说“人不理财，财不离开”，说的是能有收益和没有收益的区别。事实上，无论哪种金融产品都有风险，这就是所谓的“理财有风险，入市需谨慎”。

公募基金用业绩说话，一个动辄几百亿元级别募资体量的产品，依然可以在短时间内完成募资任务。

私募股权基金管理机构和产品就更是多如牛毛，且良莠不齐，好在近年来中国证券投资基金业协会对 P2P 等以投资管理公司为名、行非法募资之实的机构“一刀切”，起到了整肃基金市场的作用，国内股权投资机构从十万家骤减到上万家，历史业绩良好、团队优质专业的管理机构凸显出来，使得投资人遴选管理机构的难度有所降低。

二级市场基金的火爆必然催生一级股权投资市场的蒸蒸日上，私募股权基金也从低调蛰伏变得高调活跃起来。高瓴资本、红杉资本等知名投资机构的横空出世，让大家知道了上市之前还有一级市场，于是乎，私募股权基金也成为热门的投资选择。最初，私募股权基金门槛高，入门级小基金也大多要求 100 万元一份，而小基金多是靠碰运气找项目，不如大基金能靠品牌积累、团队素质和历史业绩拿到知名项目的份额，这样的无奈现状也就让普通人对基金敬而远之、望而却步。不过近年来，随着市场的变化，普通人也能够参与其中的机会多了起来。

“秋水共长天一色”，风险与收益并存。对于只能在屏幕上看上市公司股票的普通股民来说，有机会在公司上市之前成为股东，也是挺有吸引力的一件事情。“人无股权不致富”，这里的“股权”指的是非上市公司的股权，就是还没有公开流动的股票，即通常所说的“原始股”。

早在 2010 年，中国保监会就制定并发布了《保险资金投资股权暂行办法》（保监发〔2010〕79 号），对保险公司、保险资产管理公司的保险资金投资于非上市公司和股权投资基金做了引导和规范。2018 年，为取消保险资金开展股权投资的行业范围限制，进一步提升保险资金服务于实体经济的能力，中国银保监会对《保险资金投资股权暂行办法》进行修订，并就修订后的《保险资金投资股权管理办法（征求意见稿）》向社会公开征求意见。2021 年 1 月，中共中央办公厅、国务院办公厅印发《建设高标准市场体系行动方案》，提到要鼓励银行及理财公司依法依规与符合条件的证券基金经营机构和创业投资基金、政府出资产业投资基金展开合作。这意味着国家鼓励银行理财资金通过有关渠道积极开展股权资产投资。同时，招商引资带来的压力促使各地政府引导基金的产生，即由政府主导出资设立政策性母基金，以股权投资的方式，与社会资本共同设立子基金，旨在发挥财政资金的杠杆放大效应，扶持当地企业的发展。一系列利好政策足以说明，股权投资基金募资最困难的时候在渐渐远去。

随着股市的准入条件逐渐放宽，大批新兴企业快速上市，资产配置也变得更加多元化。企业拿不到“独角兽”份额，就得靠专业基金管理机构去争取，等着“抬轿子”。民间三方财富机构、持公募基金销售牌照的机构纷纷将股权私募产品的发售提上日程，老百姓的资产配置又多了一条途径。

口碑好的投资管理机构，以及这些机构里面有知名品牌的拟上市公司产品，同样是老百姓可以最大限度规避风险、获取高额收益的选择。资本市场的活跃，推动股权思维的觉醒，但人们在投资时仍需要保持一颗敬畏之心，片面追求收益率和盲目地跟风投资都是应当摒弃的。

把握住致富带来的快乐

一直以来，国家都鼓励靠自己的双手发家致富，靠自己的聪明才智走上康庄大道。除了国家稳定、经济随着改革开放逐渐兴盛等外部客观环境之外，每个人的主观能动性只有充分发挥才能有所成就。满足自己的经济生活需求、实现自己的人生目标和价值，是大多数人的追求。因为大富之人的快乐一般人想象不到，我们暂且也就按照能够想象到的琢磨一下吧。

在各个心仪的城市买几栋房子，给自己买各种奢侈品，再找个情投意合的对象，然后一起去环游世界，飞机、游艇配上，朋友圈晒起来，平时做做社会公益，帮助一些需要帮助的人，带动一下身边的朋友共同富裕，就差跳出三界外不在五行中，无所不能了。这些都是咱们在电视剧里常看到的炫富场景。物质需求得到满足是首要的，精神上要靠化身社会名流，获得各种会长、理事长等社会身份，来认可自己的价值和地位。他们甚至在心里暗暗发誓，要打破“富不过三代”的魔咒，要走好企业变成百年老店的前几步，最终能基业长青。

身体健康和长命百岁是成功人士关注的重点。于是乎，瑜伽健身、医疗保健等立马统统跟上。能用钱解决的都不叫事，能多活就多活，能活多久就往多久活。

以上这些人生设计和规划，大多成为平凡人的黄粱一梦，但既遥不可及，也非一蹴而就，电视里看得见，实际上摸不着。换句话说，有梦想不可怕，没梦想才是堕落。不管自己是不是一条咸鱼，翻身的梦想总是有的，至少得把现在快煳的这一面翻过来。

然而丰满理想的对立面，一直都是骨感的现实。想象不到的快乐，不是不劳而获的致富，而是设定好人生目标，完善职业规划，在实现致富过程中努力奋斗，完成原始积累，做正确的选择，继而是等待。奋斗的拼搏过程，聚沙成塔、集腋成裘后的喜悦，面临选择的焦灼心态和犹豫不决，无尽等待的茫然无措，是人生的历练、心境的打磨。在求之不可得的痛苦之后，浮躁的生活被洗刷殆尽，真正面对致富的成功时，也就能避免大喜大悲的转换，平静地享受生活的惊喜。

挪威剧作家亨利克·约翰·易卜生在剧作中说：“社会犹如一条船，每个人都要有掌舵的准备。”渔民追求捕捞的丰收，就在于撒下去的每一网的收获；企业家追求基业长青，就在于扎实的战略推进、阶段目标的逐步完成；投资者追求利润回报，就在于存有敬畏之心，严格控制风险，避免投资陷阱，投后管理亲力亲为，推动投资标的连续成功上市，最终获利退出。

《周易·系辞下》有云：“德薄而位尊，知小而谋大，力小而任重，鲜不及矣。”要有相对应的付出，才能把握住致富带来的快乐，而不至于乐极生悲。

要用赚钱的欲望驱逐清心寡欲的冰冷

世间描写贫穷带来的无可奈何不胜枚举，比如“贫贱夫妻百事哀”，再比如“一分钱难倒英雄好汉”……富人历来容易被人仇视，不管是靠祖先荫庇、靠自己的聪明才智，还是靠省吃俭用积攒家产，一旦做了不能被所谓民意认同的事，就会被冠以“为富不仁”的帽子。

穷则盼富，富则怕穷，“由俭入奢易，由奢入俭难”，人性如此。赚钱的欲望源于对自己的自信，包括盲目自信。这一欲望也是个人乃至社会进步的原始驱动力。“君子爱财，取之有道”，历来在合法合理的前提下赚钱都是国家允许的。而赚钱最大的敌人是自己，若清心寡欲，无欲无求，富裕就离你越来越远了。

《论语》有云：“人无远虑，必有近忧。”生命的美好和痛苦都源于人生的不可预期性。天灾人祸随时都有可能发生，因病致贫、因灾致贫并不罕见，而抵御这些苦难都需要财富。生活本身就是一地鸡毛，平淡并不代表可以平凡。

《增广贤文》中有一副勉联：“书到用时方恨少，事非经过不知难。”在最需要钱的时候没钱是多么无奈的现实。所以我们不要等到那时候再后悔，当下就要励精图治、发愤图强，抓住机会去做力所能及的事赚钱。

第2章

致富的前提是懂点儿投资方法论

三百六十行，人在哪个行业想要出头，都需要有方法论的加持。方法论不是凭空捏造和想象出来的，是沉浸行业多年，经历过几次行业周期的起起伏伏，总结提炼出来的。股权投资行业从业人员本就少而精，需要找投资的企业却数不胜数，良莠不齐。在看商业计划书看到“吐”的行业里，在各种人为的和企业本身存在的“陷阱”世界里，做到去伪存真、去粗取精很重要，在实际操作中更需要修炼出火眼金睛，用对的方法来甄别和淘汰大批劣质项目。

股权投资一定要懂得的“势、道、术”

资产管理是一门学问。

想用钱生钱，就得有管理方法。选择什么领域、处于什么阶段的企业进行投资，能够达到投资盈利的心理预期，这是资产管理要处理的问题。

资产管理的专业化程度其实挺高的，用老子《道德经》里的名词“势、道、术”来看管理，会别有一番味道。

“势”是宏观战略，投资人要高瞻远瞩，懂得顺势而为。半导体、碳中和、商业航天、新能源车以及传统的医疗健康、大消费领域，这都是市场容量很大、“天花板”很高的行业，只要找到发展潜力和爆发力强的公司，个人财富的增长完全有可能“毕其功于一役”。

但是这类行业也有大量的陷阱，投资人一定要甄选出优质企业，避免陷入某些企业的“庞氏骗局”。

“道”是考察行业时用的。“一生二，二生三，三生万物，道法自然。”正所谓“内行看门道，外行看热闹”，不管投资哪个领域，投资人都要看清楚行业发展的周期性，弄懂企业发展的规律，进而摸索出投资哪类细分行业最合适。浑浑噩噩地随大流，盲目进入某个行业，并不清楚哪里有坑，这样的投资很难成功，甚至会“要命”。

某企业家在制造业赚到了不少钱，因为看好现代农业的前景，就义无反顾地把钱全部投到了现代农业产业。结果在实际操作时，在与农业合作社的沟通、与当地政府的关系处理、农产品的销售渠道、后续资金的进入等方面，遇到了各种各样的问题，最终凭实力在制造业赚到的钱在现代农业领域亏了个底儿掉。古人云：“谋定而后动。”在门道还没摸清楚的情况下去做事，很容易马失前蹄，得不偿失。

“术”是专业能力的体现，指的是投资人所具备的专业能力。普通民众未必受过专业的投资类教育，可以借助金融投资机构专业人员的力量作出判断。投资机构从业人员专业素养足够，加上外部条件允许，可以对目标企业进行投资尽职调查，对上下游客户、行业专家、科研人员、同业人员进行访谈，深入了解企业本身存在的问题，并提出相关整改建议，判断风险会不会影响企业未来的发展。在

经过一系列商业谈判之后，锁定合适的价格，再进行投资。在经过投资尽职调查之后，还可以聘请第三方的会计师、律师对企业历史沿革的合法性、财务的严谨规范性进行尽职调查。

《礼记·中庸》有言："凡事预则立，不预则废。"投资人在投资之前，务必将风险控制做好，尽量保证投资的收益，避免辛辛苦苦赚来的血汗钱打水漂。对处于成长期的公司而言，我们应该重点关注具有一定技术和渠道壁垒、商业模式得到市场验证的优秀公司，从而保证投资的稳健性，并收获企业快速发展所带来的红利，强调成长性、安全边际和资金链安全度，可隔轮退出、并购退出或二级市场退出。对处于成熟期公司来说，我们应该重点关注公司财务和管理规范性、未来 3 ~ 5 年公司与行业发展预期，考虑首次公开募股（Initial Public Offerings，IPO）审核门槛和资本市场趋势，重点通过 IPO 在二级市场退出。

投股权如相面，要投对人

投资企业就是投资个人，人是事成的根本和关键，创业团队的凝聚力和向心力是创业企业能够从无到有、从小到大，进而发展成熟上市的原动力。作为职业投资人，笔者每年接触大量的创业者，投资过的企业也有一些已经成功上市，经过思考和分析，笔者发现这些创业者无一不具备以下几个方面特质：

一是具备破釜沉舟的魄力和克服一切困难的勇气。主观能动性层面的动力激发于现实的压力，每天一睁眼就面对梦想与现实的错位交织，一边洗漱一边精准地计算今天要负担的房租水电、员工工资、应付账款、研发费用等各种支出，除此之外，还要面对家人的不理解，面对自己路径错误可能产生的机会成本。在金钱和对未来远期迷茫双重重压下，更需要坚韧不拔，没有破釜沉舟的魄力和一往无前的勇气，恐怕是很难支撑到最后一步的。我在与成功人士交谈时，他们眼神里透露出的是坚定、忘我、不屈不挠。资本更愿意投给多次创业者，不管其曾经成功还是失败，其实资本看中的就是创业者屡败屡战、越挫越勇的大无畏精神。

二是具备创业天赋，即敏锐的行业洞察力。创业者区别于打工人的特质不只是对公司的“主人翁”心态，更是他能够在行业竞争对手的丛林里闯出一条“血路”，带领追随者生存下来并让企业发展壮大。创业者不但要有对企业本身主业的兴趣，还要有对企业所处行业钻研和创新的能力；要全身心扑在创业企业上，多研究商业模式、技术提升、市场需求；既能在企业发展前期使用野蛮生长的中小企业理念，又能想到留出企业迅速成长后规范管理、制度严谨的大企业治理空间；还要明白他山之石可以攻玉，有模仿、适配、创新、践行的意识。在这方面，创业者最好的朋友是“时间”。“天下武功，唯快不破”，时间能支持的是快速不断的试错。创业者在找准方向之后，要经过多轮论证和分析，“谋定而后动”，而不是拍脑袋作决策。创业者在资本的支持下要能够快、准、狠地把自己天马行空的奇思妙想转化成可操作性极强的实践行动，“实践是检验真理的唯一标准”。精确把握时代的脉搏，搞懂行业的成功密码，打造企业的核心竞争力，方能破而后立。

三是具备带领团队走向成功的领导力和管理能力。领导力也是个人魅力的体现，“独木难成林”“一个好汉三个帮”，资源整合的最高层次就是人力资源的整合，优秀的创业者善于组织和领导有凝聚力及向心力的团队，能够深入挖掘团队优点，激发所有人的潜能，让大家各司其职、各得其所。合伙人各有所长，各自互补，在公司整体战略规划层面能够依托公司发展的不同阶段，给予整个团队支持，这样也才符合治理结构完善的现代企业标准。创业者才能在统揽全局的同时，不担心哪个环节掉链子。当然，要做到这点，不能只是靠喊口号、画大饼，还需要创业者充分考虑高管和员工的股权激励。激励一定要到位，尽可能达到每个人的心理预期，不能只让兄弟们吃苦，还要让兄弟们看到大碗喝酒、大口吃肉的希望。“望梅止渴”短期有效，但必须真有梅子才能走得长久，否则可能会滋生腐败和吃里爬外的乱象。

四是创业者具备充沛的体力和旺盛的精力。比别人精力旺盛而多出来的时间，可以成为超越同行的“奋斗”时间。这跟先天基因有关系，跟后天培养和锻炼也有关系。“压力肥”在投资人圈子里很常见，因为要久坐开会、应酬不断，而在推杯换盏的同时必须恪守职业道德，要投资好项目，尽个人最大努力让项目池少暴雷甚至不暴雷。“华发早生”在创业者身上表现得更为突出，因为要多跑动研究政策、适应市场，脑力与体力都有巨量消耗。对于这样的情况，投资人和创业者可以见缝插针地锻炼和休息，在一定程度上缓解熬夜加班和成长赚钱带来的焦虑。市场上有多家企业，因为核心创始人过劳等疾病去世，而信任他们的资本与团队最终遗憾离场，企业短时间内烟消云散，这是残酷的现实。

五是看创业者本身的学历背景和从业经验。学历背景一看是否科班出身，是否受过与所从事行业相关的系统专业的教育；二看有没有校友资源，在创业初期有没有愿意帮助企业成长的校友。从业经验，一看创业者在以往工作经历中积累的知识体系，在原公司中高级岗位上看待问题的深度和广度，对行业商业模式以及对生产、技术、销售等环节的熟悉程度和感悟深度；二看创业者是否会有凭借自身对行业独到的见解而破局商业模式的可能性，或者说能否在前一家公司业务模式的基础上创新。这很关键，会影响投资机构的判断。每个细分行业、每个职级的岗位都是一个圈子，不是一个圈子的，不能硬融，只有自己上升到能和圈中人平起平坐、共享利益的位置，才能确定这个圈子有可以用的人脉。否则，资源再多，创业平台无法承载得起，皆是枉然。

投资并非到处撒钱。投资机构本身也是企业，投资人也要面对关键绩效指标（Key Performance Indicator，KPI）

考核，或多或少也要具备以上五点特质，找到合适的创业者承载资金的使用效率，能够让帮有限合伙人（Limited Partner，LP）管理资金的普通合伙人（General Parther，GP）把钱用在刀刃上，使投资业绩亮眼，以便为后面几期基金的募资造势，形成双赢的结局。

怎样才能找到一流企业，将其变成自己致富的源泉

“鸟随鸾凤飞腾远，人伴贤良品自高。”股权投资的流程看似简单：抓住一个好公司，把钱投进去，让创业者带领团队帮自己把投入的资金保值增值，直到公司独立上市或者被上市公司并购获利套现。实际上，在真正运作起来时，各个项目之间有非常大的差异。挖掘项目是个技术活儿，不仅要靠专业知识，也要靠财富管理机构主要成员的人脉积累，靠口碑、靠平台和投资人个人的吸引力。同时估值预期是否合理，也要看创业者对自身的认知以及可能围绕在创业者身边的顾问的水平。

财富管理领域一直都有专业管理机构的身影，国际上比如黑石集团、贝莱德集团、KKR 集团等巨擘，国内有红杉资本、高瓴资本、云锋基金等民营机构以及中国国际金融股份有限公司、中信集团、光大集团等国有投资管理机

构。在基金投资领域，有管理资质的机构有 2 万余家。

基金的优势是有投资和行研团队进行投研联动，定期根据市场趋势变化修正投资策略方向，时刻走在资本市场发展前沿。

市场的选择让人眼花缭乱，个人投资者要满足合格投资者条件才能参与到基金产品中。《中华人民共和国证券投资基金法》（2015 年修正）第八十七条规定："非公开募集基金应当向合格投资者募集，合格投资者累计不得超过二百人。前款所称合格投资者，是指达到规定资产规模或者收入水平，并且具备相应的风险识别能力和风险承担能力、其基金份额认购金额不低于规定限额的单位和个人。合格投资者的具体标准由国务院证券监督管理机构规定。"合格投资者标准有三个必备条件：一是资产规模或者收入水平达到规定标准；二是具备相应的风险识别能力和风险承担能力；三是基金份额认购金额不低于规定限额。

中国证监会于 2014 年 8 月 21 日公布《私募投资基金监督管理暂行办法》（以下简称《暂行办法》），设专章对"合格投资者"进行规范，并明确规定合格投资者的具体标准。《暂行办法》第十二条规定："私募基金的合格投资者是指具备相应风险识别能力和风险承担能力，投资于单只私募基金的金额不低于 100 万元且符合下列相关标准的单位和个人：（一）净资产不低于 1000 万元的单位；（二）金融资产不低于300万元或者最近三年个人年均收入不低于50万元的个人。前款所称金融资产包括银行存款、股票、债券、基金份额、资产管理计划、银行理财产品、信托计划、保险产品、期货权益等。”《暂行办法》明确规定的合格投资者的认定标准：一是具备相应风险识别能力和风险承担能力；二是投资于单只私募基金的金额不低于100万元；三是单位净资产不低于1000万元，个人金融资产不低于300万元或者最近三年个人年均收入不低于50万元。

待认清合格投资人身份，如何取得一流企业的投资机会，就要看用心寻找和机缘巧合的节点了。投资的领域包括资本市场在内，泥沙俱下、良莠不齐的现象需要捋顺、治理，投资机构首抓风险控制，设定投资负面清单，再制定投资标准并严格施行，瞄准已经把自己的主业做到了国内领先甚至国际领先的优质企业。现如今，中国大多数行业供应链体系已经位居全球第一，在产品的创新和质量方面也已一骑绝尘，“中国制造”向“中国创造”前进的步伐坚定而扎实。俗话说得好，一流企业制定标准，引领着行业的进步，这类企业也是投资机构优选的标的。

笔者见过一个老牌高档小区的业委会主任，业委会成员在他的带领下做各种股权投资，投出了市面上都拿不到的好项目。虽然单体项目体量在500万元到2000万元不等，有不少还是小区业主创业的项目，但整体收益率远超市场化基金的平均水平。这一方面说明了圈子的重要性——老牌高档小区住户稳定，小区业主中不乏上市公司高管，或者互联网创业公司新贵，有人品人格背书，更有固定资产在3000万元以上的资产背书；另一方面也是因为业委会成员有成功的企业家、律师、投行高管、高级会计师，都很珍惜自身羽毛，因此各司其职，完成了市场化基金无法完成的投资任务。

反观一些EMBA班级临时组建的投资团队，就没有那么幸运了。读过EMBA的朋友大都通过上学接触到了新的投资机会。在EMBA大行其道之初，同学之间虽然接触时间不长，但因为有生源背书，相互之间存在基本信任，比较容易成立资产管理规模较小的投资机构。不过，随着国家政策禁止国有企业领导和政府官员报名EMBA等进修项目，EMBA如火如荼之势有所消退。况且各大经管学院为了创收，源源不断地扩招，安排授课的老师水平参差不齐，同样导致生源泥沙俱下。同时，读EMBA的人大多追求人脉的扩张，较少关注课程带来的管理能力提升，对接资源与专业性的不稳定便使同学间的投资机构不那么稳妥。种种因素叠加，以至于多数投资都打了水漂，不难想象很多读了好几个院校EMBA的人在学费之外还交了一些“友情的学费”。

无论是企业、财富还是人，都逃不开“二八定律”，从资源的稀缺性而言，一流企业本身就是难以寻找的标的，即使运气好，认识了能够成为一流企业的创业者，也未必能够投得进去，靠情义无价不如靠战略赋能拿到份额的概率大。

东西好，价格还得合适才行

大家都知道，投资好公司一定要果断。但是，在综合判断发现该公司有一飞冲天的潜质时，不要迫不及待、不论价格地进入。“嫌货才是买货人”，讨价还价并不会使被投公司反感，反而会让其觉得你诚意满满。判断公司估值高低，除了用多种估值方法来综合判断之外，还要看其是不是龙头企业、客户是否优质及分散程度如何、技术壁垒有多高、团队和人才储备是否承受得起大规模的扩张和业务暴增带来的压力。价格高低代表了安全边际高低和退出时的收益高低，投资人也要懂一些估值的方法。

通用的估值方法是绝对估值法和相对估值法。绝对估值法中，投资机构最常用的是贴现现金流量（Discounted Cash Flow，DCF）估值法，指对目标公司以现有财务数据为基础，对未来收益现金流进行预测，按照货币的时间价值以适当的贴现率将其转换为现值，以此作为目标公司的价值。此估值方法的优势是能充分结合公司的价值与盈利能力，动态地分析、评定企业未来的盈利预测。相对估值法是分别使用市盈率（Price Earnings Ratio，P/E）、市净率（Price to Book Ratio，P/B）、市销率（Price to Sales，P/S）、市现率（Price Cash Flow Ratio，PCF）等价格指标，与其同行业竞品公司，一般是上市公司（资料公开易获取）进行对比，根据指标的平均值确定被投公司的估值。相对估值法的原理是，选取的可比公司与被投公司有相似的主营业务和经营管理现状，以此来判断估值的合理性。

个人投资者在投资成熟有盈利的企业时，除了参考本轮投资中领投机构的估值逻辑，给企业定价之外，还可以套用市盈率估值法。市盈率估值法是根据预计被投公司的每股估值和每股盈利的比率，结合被投公司的实际情况，确定被投公司合理的市盈率，然后用被投公司近期盈余计算出被投公司合理的股票价值及公司的价值。计算公式为：

市盈率＝每股市价÷每股收益

人们经常说的 P/E 多少倍才是合理的，意即安全边际设定得比较高，未来通过二级资本市场变现时就能有更高的盈利。

笔者遇到过一家科技公司。该公司通过收购海外

巨头的医疗设备事业部业务起家，拿到了海外巨头积攒多年的专利权，由此获得了巨量的无形资产。在此基础上，聘请了大批海外知名专家，进一步对技术升级，保证了此类产品的护城河足够深，深到不再可能有国内企业超越。于是该公司凭借高于国内同类竞争对手几个级别的产品，成为各大医院的首选，销售额暴增，甚至到了生产线跟不上订单的程度。因此，该公司立刻开始一轮股权融资，估值定价几百亿元起步，向国内知名的国有投资机构发出邀请，希望能够融资50亿元补充流动资金。这些投资机构对此类医疗设备早已做了深入研究，知其前景大好，面对融资邀请，原本拥有资金的甲方瞬间变成“迷弟”一般的乙方。

在这种情况下，估值方法、讨价还价都派不上用场了，众机构为了拿到投资份额，抢得头破血流。强势的被投公司自己喊价，泡沫是必然存在的。资金的安全性得到了保障，只不过可能持有股票的时间会长一些，这不能形成投资的障碍。

众所周知，越是火爆行业内的企业，尤其是龙头企业，面临投资人的疯抢，搓出来的泡沫肯定越多。泡沫太大，不管其前期多么七彩斑斓多么美丽，都终有破灭的一

天，最终大家都是输家。理性投资，看的是企业的发展前景，看的是高门槛的技术壁垒，要通过分析被投公司的成长性，判断是否值得长期拥有该公司的股权。资金的安全性得以保障是首要的，持有股权的时间长短并不能形成投资的障碍。

某老牌新能源汽车公司，老员工遗留负担过重，员工激励不到位，新能源产品设计理念落后，原有燃油车制造平台曾花费了大量的资金投入，现在已经不再使用。在当地政府的强力推介下，出租车公司、网约车公司选择其产品作为主力车型。随着新能源汽车大潮在2015年兴起，国家发展和改革委员会发布《战略性新兴产业重点产品和服务指导目录》(2016版)，新能源汽车正式列入目录，投资机构意识到这会是未来新的风口。

该公司借着新能源汽车的风口融资，喊出了惊人的价格。当时的新能源汽车享受较高的国家补贴，可人们对新能源汽车的性能并没有很深的了解，在家庭汽车市场上，并没有太多人购买该公司的车。市场反应平平，喊价高得离谱，投资人的信心不足，导致该公司没能如愿拿到预期的资金数量，只是在原有大股东及上下游产业链的企业里拿到了几笔钱。最终，该公司未能逃出一级、二级市场估值倒挂的魔咒，之前没投进的投资机构纷纷庆幸自己的英明决策，进入的投资机构有的到期后不得不按照市价在二级市场退出，黯然退场。

价值投资和价格谈判并不冲突。价格看的是当下投资人的心理价位，价值是在投资后必须持有时安心的保障。“人不配财，必有所失”，价格不匹配价值，投资人同样会遭殃，只是不知道他们是会怪自己的决策问题还是怪被投公司的发展问题了。

第3章

你了解资本市场吗

只要有资产，就能转化为资本。资本市场是资产变量不断增减的渠道和平台。在A股市场上想要赚到钱，难度还是很大的，最佳的切入点就是在公司上市之前拿到原始股，然后在资本市场上腾挪变现，实现资产增值。至于上市之后能否再赚到钱，要看你投资的股票是否受到市场资金的认可，这是不可控的，可控的是多学一些资本市场交易的知识，多了解哪些行业在资本市场的市盈率高，这样在一级市场做股权投资时也会有参照作用。

资本市场的功能有哪些

依稀记得中国足球队曾以 1 : 3 输给越南后，某知名足球评论员也提及了越南资本市场过去数年的涨幅和 A 股涨幅之比是 6 : 1，笑言这是“五十步笑百步，脸都不要了”。这涨幅之比是事实，但并非人们设立资本市场之初所愿见到的场面。

按照国际货币基金组织编写的《国际资本市场：发展、前景和主要政策问题》定义，资本市场涵盖证券市场（股票市场、长期债券市场——长期国债、企业债券、金融债券等）、长期信贷市场（长期抵押贷款、长期项目融资等）、外汇市场、衍生工具市场（金融期货市场、金融期权市场等）等。

我国自 20 世纪 80 年代初成立资本市场以来，制定了《中华人民共和国证券法》（以下简称《证券法》）、《中华人民共和国公司法》（以下简称《公司法》）、《国有资产评估管理办法》等法律法规，对交易所、金融中介机构、交易对手都制定了行为规范，逐步建立了一些规范资本市场运作的监管机构，并形成了相应的法规体系。

资本市场的主要功能体现为资源重新配置整合、融通社会资金、产权交易中介等。

资源重新配置整合，指的是在资本市场理性的情况下，优劣公司不辩自明，资金的流向也会有所选择地用脚投票，优质公司得到足够强大的资金支持，劣质公司自然被市场淘汰。而在国内散户众多、机构素质良莠不齐的情况下，时常会发生资源错配的现象。因此，不能只是按照上市公司披露出来的信息判断股票的涨跌，决定自己资金的流向，还要结合国家政策、行业会议、各种民间消息等信息综合判断，才能找到热点，进而在短时间内获利。

融通社会资金主要对上市公司而言。融资功能是公司选择上市的最重要原因，通过上市之前募资和不断利用金融工具再融资，不但可以发展壮大主营业务，用资金撬动杠杆完成收并购，还能够通过产业整合基金在上下游供应商中进行股权布局，锁定长期订单，借此甩开竞争对手一大截。

玻璃制造企业F在国家淘汰落后产能政策出台前完成了上市。F企业原来偏居江南一隅，在行业内排名尚未达到前十，市场份额偏低，大型房地产商的渠道也不畅通。值得庆幸的是，同行们并没有意识到上市

的重要性，还是以传统思维行事，想着股权应该牢牢抓在自己手里，否则可能就不是自己说了算。同行们也不晓得上市公司的优势不只是品牌的打造，还有资金的融通。F 企业的老板则深谙“穷则变，变则通，通则久”的道理，接受新鲜事物速度快，同时认定国家鼓励的新生事物肯定对企业有利，于是请来大牌中介机构，迅速启动上市规划。由于当时上市政策相对宽松，F 企业顺利通过上市拿到了资金，把之前未能投资研发的新技术上马，在产能受限制之前成功转型绿色建材，躲过了一波劫难。

产权交易中介的功能指资本市场在对市场主体的产权约束和充当产权交易中介方面所发挥的功能，即通常所说的买卖股票，让每个人都参与其中成为股民，丰富个人资产配置的选择途径。

散户大多认为在二级市场赚钱合理合法，又能实时变现。而资本市场本身没有让投资者赚钱的属性，它为投资者提供的是资产管理的选项，为优质企业提供的是融资渠道。也就是说，资本市场可以帮助优质的资产通过证券化，获得更多的资金、资源支持，使各行业实现优者更优，优胜劣汰。

境内资本市场的上市标准低吗

我国境内资本市场现在有上海证券交易所（以下简称“上交所”）、深圳证券交易所（以下简称“深交所”）、北京证券交易所（以下简称“北交所”）三家证券交易所，在深交所主板和中小板合并后，上市的主要板块剩下主板、创业板、科创板，北交所在一定程度上仍然充当了为上交所、深交所输送优良上市企业的角色。各板块的上市条件对比如表 2–1 所示。

而在实际审批核准时，表 2–1 中所示标准明显不够用，这与证券市场审批施行证券发行核准制有关系。证券发行核准制，是指证券发行人发行证券须取得主管当局审批核准的证券发行管理制度。发行人在申请发行证券时，不仅要充分公开企业的真实情况，而且必须符合有关法律和证券监管机构规定的必要条件。

数据显示，国内注册公司不下数千万家，满足上市条

表 2-1　境内资本市场上市条件对比

上市板块	A 股主板	创业板	北交所	科创板
主体资格	依法设立且合法存续的股份有限公司	依法设立且持续经营三年以上的股份有限公司	在全国股转系统连续挂牌满 12 个月的创新层挂牌公司	依法设立且持续经营三年以上的股份有限公司
市值及财务指标等要求	1. 最近三个会计年度净利润均为正且累计超过人民币 3000 万元，净利润以扣除非经常损益前后较低者为计算依据 2. 最近三个会计年度经营活动产生的现金流量净额累计超过人民币 5000 万元；或者最近三个会计年度营业收入累计超过人民币 3 亿元 3. 最近一年期末无形资产占净资产比不超过 20% 4. 最近一期不存在未弥补亏损 5. 发行前股本总额不少于 3000 万元，发行后股本总额不少于 5000 万元	1. 最近两年连续盈利，最近两年净利润累计不少于 1000 万元；或者最近一年盈利，最近一年营业收入不少于 5000 万元。净利润以扣除非经常性损益前后较低者为计算依据 2. 最近一期末净资产不少于 2000 万元，且不存在未弥补亏损 3. 发行后股本总额不少于 3000 万元	1. 预计市值不低于 2 亿元，最近两年净利润均不低于 1500 万元且加权平均净资产收益率平均不低于 8%，或最近一年净利润不低于 2500 万元且加权平均净资产收益率不低于 8% 2. 预计市值不低于 4 亿元，最近两年营业收入平均不低于 1 亿元且最近一年营业收入增长率不低于 30%，最近一年经营活动产生的现金流量净额为正 3. 预计市值不低于 8 亿元，最近一年营业收入不低于 2 亿元，最近两年研发投入合计占最近两年营业收入合计比例不低于 8% 4. 预计市值不低于 15 亿元，最近两年研发投入合计不低于 5000 万元	1. 发行人申请股票首次发行上市的应当至少符合下列上市标准中的一项： （1）预计市值不低于人民币 10 亿元，最近两年净利润均为正且累计净利润不低于人民币 5000 万元，或者预计市值不低于人民币 10 亿元，最近一年净利润为正且营业收入不低于人民币 1 亿元 （2）预计市值不低于人民币 15 亿元，最近一年营业收入不低于人民币 2 亿元，且最近三年研发投入合计占最近三年营业收入的比例不低于 15% （3）预计市值不低于人民币 20 亿元，最近一年营业收入不低于人民币 3 亿元，且最近三年经营活动产生的现金流量净额累计不低于人民币 1 亿元 （4）预计市值不低于人民币 30 亿元，且最近一年营业收入不低于人民币 3 亿元 （5）预计市值不低于人民币 40 亿元，主要业务或产品需经国家有关部门批准，市场空间大，目前已取得阶段性成果，并获得知名投资机构一定金额的投资。医药行业企业需取得至少一项一类新药二期临床试验批件，其他符合科创板定位的企业需具备明显的技术优势并满足相应条件 2. 营业收入快速增长，拥有自主研发、国际领先技术，同行业竞争中处于相对优势地位的尚未在境外上市红筹企业，申请发行股票或存托凭证并在科创板上市的，市值及财务指标应当至少符合下列上市标准中的一项： （1）预计市值不低于人民币 100 亿元 （2）预计市值不低于人民币 50 亿元，且最近一年营业收入不低于人民币 5 亿元

件的企业达 8 万家以上，为什么实际上市的公司数量依然不能巨量突破呢？因为监管越来越严格。其实，在上市之前的实际审核过程中，绝大多数过会项目的各项指标是远远高于上述标准的。经过证券公司、律师事务所和会计师事务所等中介机构“调教”过的拟上市公司，影响公司登陆资本市场的问题仿佛都得到了解决，但即便如此，仍然有大批公司因为财务不规范、股东治理结构不完善及大大小小的各种问题而无法获批。同时，还存在拟上市时国家政策制约某种行业的可能，比如近期文化影视、游戏等行业的拟上市公司在申报材料时都面临审批滞后的情况，甚至已经上市的此行业公司的再融资审核也被搁置。

此外，国内 A 股市场一向是严进严出的。对具体审核标准笔者有所耳闻，如果企业年收入没有达到 5 亿元，年净利润没有达到 5000 万元，过会的概率不会很高，这既是出于对中小投资者的保护，也是出于对拟上市公司是否能有持续经营能力的考察。同时，拟上市公司是否有集团化策略，拟上市公司的主营业务是否与集团其他公司有不透明、不公允的关联交易，都会影响上市进程，也会影响到集团其他子公司的上市资格。

2020 年 10 月 9 日《国务院关于进一步提高上市公司质量的意见》（国发〔2020〕14 号）提出，要“支持优质企业上市，全面推行、分步实施证券发行注册制”。施行证券发行注册制是国内资本市场的巨大改革。证券发行注册制是指证券发行申请人依法将与证券发行有关的一切信息和资料公开，制成法律文件，送交主管机构审查，主管机构只负责审查发行申请人提供的信息和资料是否履行了信息披露义务的一种制度。

证券发行注册制开始施行后，更多责任便被分摊到了作为“守门人”的中介机构身上，监管机构对其尽职尽责的要求更加严格，一旦出现问题，对中介机构及相关责任人的处罚也会前所未有地严厉。近期，不断有中介机构和相关责任人受到处罚，轻则罚款、短期内禁止推进相关业务，重则责任人受到刑事处罚。这些事件处处体现了国家推进证券发行注册制的决心，给身在最前线的中介机构提了醒。随之而来的，还有中介机构收费的大幅度提高——权、责、利永远是要匹配的。

在之前的A股市场，国有企业和传统行业的上市公司居多，随着科技的不断进步，战略新兴行业如芯片半导体、新能源汽车、5G通信等大行其道，大批技术人才创新创业，不但盘活了困在科研院所的知识产权资源，还带动了愿意加入其中的社会资本。科创板的开板、北交所的开市及市场优良表现，都让前期需要大批研发费用的科技企业看到了春天，也让本来惴惴不安的一级市场资金看到了希望和未来，这样的良性循环是实现国家科技兴国战略所需要的。

同样，为了进一步改善上市公司产业结构，让更多的高科技企业和有利于国计民生的优质企业迅速登陆资本市场，借助资本市场的诸多金融工具延续创新技术的研发和产品的销售变现，证券发行注册制的施行势在必行。真到了这个时候，只要投资眼光不偏离价值本身，将监管时效对上市公司的影响降低到极致，那么投资人成功的概率就会大幅度提升。

投资要在境外上市的公司会赚钱吗

在成立之初就搭建了境外架构的创业公司，一开始就瞄准了在境外市场上市。美元基金偏爱线上教育、电商平台等互联网行业的拟境外上市的国内公司，之前也有诸多互联网巨头境外上市成功并且市场表现优异的先例。出资美元的 LP 大多青睐中长线，他们能够长期持有，甚至不要求分红，只要上市公司能够保持在一级、二级市场的公司估值和市值的上升趋势，他们便不会出现卖出砸盘套现的极端行为。

表 2–2 列出了在中国香港联交所主板上市及在美国纳斯达克证券市场上市的主要条件。

美元基金的投资逻辑对市场占有率和用户数是非常看重的，至于获客成本有多高昂，花的是投资人的钱还是流动资金的垫付，借的是高息的社会举债还是低息的银行授信，统统不在基金考虑范围之内。由于国内人口众多，这

表 2-2 境外主要资本市场上市条件

上市板块	香港主板	纳斯达克
盈利等其他要求	1. 过去三个财政年度盈利合计至少 5000 万港元（最近一个财务年度盈利至少 2000 万港元，前两年累计盈利至少 3000 万港元），同时上市时预期市值至少达到 5 亿港元 2. 上市时预期市值至少达到 40 亿港元且最近一个经审计财务年度的收入至少为 5 亿港元 3. 上市时预期市值至少达 20 亿港元，最近一个经审计财务年度的收入至少 5 亿港元，且前三个财务年度来自营运业务的现金流入合计至少 1 亿港元 会计准则为《香港财务报告准则》或《国际报告财务准则》，经营银行业务的公司必须同时遵守香港金融管理局发出的《本地注册认可机构披露财务资料》	1. 标准一： 股东权益（公司净资产）达 1500 万美元；一个财政年度或者近三年里的两年中拥有 100 万美元的税前收入；110 万的公众持股量；公众持股的价值达 800 万美元；每股买价至少为 5 美元；至少有 400 个持 100 股以上的股东；3 个做市商；须满足公司治理要求 2. 标准二： 股东权益达 3000 万美元；110 万股公众持股；公众持股的市场价值达 1800 万美元；每股买价至少为 5 美元；至少有 400 个持 100 股以上的股东；3 个做市商；两年的营运历史；须满足公司治理要求 3. 标准三： 市场总值为 7500 万美元，或者资产总额达及收益总额达分别达 7500 万美元；110 万的公众持股量；公众持股的市场价值至少达到 2000 万美元；每股买价至少为 5 美元；至少有 400 个持 100 股以上的股东；4 个做市商；须满足公司治理要求
基本条件	在至少前三个财务年度有营业记录且管理层维持不变，在至少经审计的最近一个财务年度所有权和控制权维持不变（在某些情况可以获得适当豁免）。至少经审计的最近一个会计年度的拥有权和控制权维持不变（对生物科技公司、同股不同权的创新公司降低一定上市门槛）	经营生化、生技、医药、科技（硬件、软件、半导体、网络及通讯设备）、加盟、制造及零售连锁服务等公司，经济活跃期满一年以上，且具有高成长性、高发展潜力者

一数据在境外市场很容易激活投资者们的想象力，假设公司前景规划得好，团队稳定性过关，业务基本面呈上涨趋势，那么资金就会一拥而上，也就带动了市值和交易量的双升。

艺术教育类培训机构 Z 公司因为当前政策对 K12 教育培训机构的限制，大批资金需要找到出口。教育赛道始终是承载着众多家庭希望的赛道。在艺术类考生人数常年在高考报名人数中呈现居高不下的趋势中，该公司在申报材料中描述平台拥有数万名艺术类老师，随时可以提供高质量的在线教学服务，学生缴费的数量庞大，似乎已经超过了国内中高消费水平家庭的数量值。这种数据造假行为令人发指，已经触犯了法律，应当予以严惩。对于投资机构而言，但凡能够做好详尽的市场尽职调查，就会发现这些漏洞。

自从有数据统计以来，数据造假现象就从来没断过。按照法律中“谁主张，谁举证”的思维方式，作为数据刷新和持有者的 Z 公司是对数据真实性最具发言权的。由于境外上市的基本标准是明摆着的，数据真实与否，影响的只是在上市募资时的投资机构，以及在上市后一级市场投资者变现时是否出现价格倒挂，对普通投资者来说，数据造假似乎对自己没有造成实质性损害。捅一竿子马蜂窝，看看热闹，谁管马蜂最后到底把谁蜇得满头包？然而法律的底线需要坚守，否则终会害人害己，捅完马蜂窝未必能跑得掉。

在此之前，境外有资金的个人投资者在投资新能源造车新势力时尝到了甜头，他们通过对大势的判断，更加坚定了投资同类赛道在境外上市的公司的信心。只要抓住了资本市场喜欢的、需要的类型企业，很多外资讲究“买定离手”，注重价值投资，长期持有，即使是在其上市后购买股票，也能赚到钱。

找到适合自己的资金走向才是王道

曾几何时，房产一直是资产配置的首选渠道。房地产行业举债拍地，房地产商持续囤地，希望焐热后再出手获得高毛利，一时间，包括地方财政在内的经济都被房地产所影响，依托房地产生存的相关产业也多如牛毛。而近年来，房地产公司风光不再，二手房房价也受到了影响。部分炒房客发现租售比（租售比 = 月租金 ÷ 房价）达不到预期，房价上涨也开始乏力，不但如此，开发商为了回笼资金无底线打折，也使新房交易和周边二手房交易雪上加霜。加上新冠肺炎疫情来袭，中美贸易摩擦持续升温，导致经济不景气，断贷的人越来越多，极大影响了炒房客的信心。

笔者的朋友 C 总于 20 世纪 90 年代时在深圳做小家电贸易，在与新加坡客商交往的时候，新加坡客商叮嘱他一定要买房置业。于是，本来想给员工们租

赁宿舍的C总毅然决然在深圳的中心位置买了十几套300平方米的大平层，作为员工栖居之所。

在随后的日子里，C总贸易做得风生水起，把做生意赚到的每一笔钱都投在各个新开盘的住宅小区、写字楼。为此，朋友们给他起了两个有意思的外号，一个是“C一指”，意思就是在一层里面指一下，说“这一层我都要了”；还有一个是“C一腿”，就是站在楼下对售楼小姐说，“顺着我的腿，上面这一列房子我全要了”。

事实如此，并不夸张。最终C总在深圳及周边城市核心区攒下了数百套房子的家业。深圳房价涨得最疯狂的一年，笔者去跟C总聚会，这时候他已经从小家电贸易转做小家电生产制造了。他见到笔者便一阵唏嘘，感叹小家电出口越来越难做了。笔者正想安慰他几句，不料他话锋一转说道：“虽然公司没赚到钱，不过我的资产在今年又增长了一倍。”最近再去深圳，C总也在忙着卖房了，原因有两个，一怕房价跌，二怕房产税。

现在看来，炒房已然不是最好的资产增值选择，还有的朋友被P2P公司收割了一轮。混乱的投资销售和市场误区让人们心惊胆战，开始相信现金为王，买银行理财，钱

多一些的就去境外购买香港大额保单，设立家族信托基金，为子孙后代和境外资产配置布局。

鸡蛋不要放在一个篮子里，按理说，短、中、长期资产配置都要有。投资理财是值得每个人研究一生的领域。对于投资渠道单一的境内市场来说，二级市场的稳定性至为关键。

一级市场在二级市场几个新兴行业的带动下，在众多知名投资人的公关宣传下，也逐渐得到高净值客户的青睐。股票、期货、信托、银行理财、股权投资、公募基金、私募证券基金等金融产品很多，适合自己的才是最好的。可以根据资金体量大小、可以持续投资的周期长短、赎回的速度快慢、期望的收益率高低等，找不同的投资理财机构顾问来帮忙做好资产配置。近年来，银行的私人银行部、证券公司的私人财富中心等都是专门为高净值客户提供高端理财服务的部门，互相成就。

第4章

抓住啥样的股权能实现财富自由

曾几何时，在大家眼里，个人开公司是一件遥远的事，但现在似乎已经司空见惯了。很多公司连生存都成问题，还喊着在几年之后要登陆资本市场，成为上市公司，以此来壮大声威、激励员工。那么，什么样的股权是值得抓住的，是会带来长远的高收益的？要作出正确判断，就需要多读书，研究股市，要自己思考，不要偏听偏信。

财富自由是每个人都可能实现的梦想

根据国家统计局发布的数据显示，2021 年我国居民的人均可支配收入①为35128元，平均每个月2927元。假如你每月各种收入加起来能够达到3000 元，即一年收入 3.6 万元，那你就已经达到全国人民的平均水平了。另外还有一组参考数据，2021 年，我国的人均财产净收入是 3076 元，折合每月 256 元。这部分资金属于投资收入，比如利息、出租房屋或车辆的租金、分红、理财所得等。

笔者曾经跟朋友探讨过，在北京、上海、广州、深圳这样的超一线城市，手里没有 1 亿元资产，便不能称为财富自由，而在成都、重庆等生活较为安逸的新一线城市，只要有车有房，工作稳定，有几百万元存款，就算是财富自由了。至于在三四五线城市，以现在的居民住房保有率，

① 可支配收入按来源分，可分为工资性收入、经营净收入、财产净收入和转移净收入。

有几套房的家庭比比皆是，即使月收入低于3000元，也能基本实现自给自足、吃喝不愁了。当然，这只是我们的理解。

人们对财富自由的理解不同，源于身处城市的压力大小不同，以及人们生理上、心理上对满足感和幸福感的认知不同。心态崩了的往往都是在大城市生活的人，越大的城市竞争越激烈，生活成本越高，人们的焦虑多源于此。

不仅如此，在经济下行的趋势里，人们还要面临失业的风险，大城市的房贷让人背负了20年到30年的债务，一旦出现失业的状况，各种贷款便成为压垮骆驼的稻草。为什么投资消费品行业的投资机构纷纷往二三四线城市聚集，寻找可投项目？其中最大的原因就是生活在这些城市的人大多没有房贷车贷等多重压力，相比一线城市消费能力反而更强。这并非贪图享乐的表现，而是当地的消费切实满足了当地人民日益增长的消费水平要求，匹配度非常高，消费品牌企业在当地自然也就实现了迅猛增长。

现实中的人致富后第一件事，应该就是还清各项贷款。在资本金不足、投资渠道没有更多选择的前提下，介入股市容易变成悲催的股民，购买彩票容易成为卑微的彩民，投资民间理财产品则会成为那些只瞄准你本金的骗子的“盘中餐”，每种不理智且完全不可控的理财方式都会成为给自己挖的坑。

股民们听风就是雨地得到一个所谓的股票消息，便不理智地倾巢而出，满仓杀入，自然没有“完卵”能够留得下。作为社会毛细血管的普通民众，无知者无畏地撒币，最后只能用臆想的满足来弥补生活物质的贫乏。

在笔者看来，“财富自由”可以理解为自由度高的物质财富和精神财富的总和。精神富足了，心态平和了，平淡生活中对财富的预期也会降低很多，不妨碍过上比物质财富自由更快乐的生活。活得通透需要人生的历练过程中对心境的修行，活得自在则需要放宽心拥抱生活即可。

非上市公司的股权不值钱吗

国内上市公司作为公众公司，其股票可以作为证券产品在 A 股市场流通。因为上市公众公司以招股说明书、上市公告书以及定期报告和临时报告等形式，把公司相关的信息向投资者和社会公众公开披露，使得上市公司的股票价格获得市场认可，股票能够随时进行交易。这就是相对一级投资市场“估值”更具备价值的“市值”，流动性给投资人带来包括安全性提升、质押折扣较高在内的各种优势。

股权投资机构在年度 KPI 考核时，对团队成员的考核就有投资过的项目是否增值这一项。如果被投公司已经上市，“增值”中的“值”就有二级市场参考价值；如果被投公司尚未上市，又没有新的一轮投资者进场估价，同时该企业的财务状况维持现状，没有新的突破，那么这个投资团队的此项考核很可能就不会有好成绩。

市值由二级市场定价，估值是需要有其他投资机构或者被投公司管理层来定价的。投资之后如果估值过高，有价无市的话，上一轮投资人也会十分着急，因为这不单涉及年底 KPI，还有可能预示着这项投资会失败，需要抓紧采取预防措施，或者提前启动对赌协议，收回投资款项。

还有一类非上市公众公司股权，在我国出现源于新三板的设立。全国中小企业股份转让系统（简称“全国股转系统”，俗称“新三板”）是经国务院批准，依据《证券法》设立的继上交所、深交所之后的第三家全国性证券交易场所。在新三板挂牌的公司属于非上市公众公司，通过市商交易、协议转让等方式对股票进行定价和交易，交易频次不高，价格也不能常规性地被交易双方认可。

2021 年 9 月 2 日，习近平主席在中国国际服务贸易交易会全球服务贸易峰会上的致辞中宣布，继续支持中小企业创新发展，深化新三板改革，设立北京证券交易所，打造服务创新型中小企业主阵地。由此实现了我国境内北交所、上交所、深交所三大交易所三足鼎立的局面。新三板满足北交所上市条件的企业在上市之初也迎来了资本的强力追捧，挂牌上市公司的市值也突破小众圈子，得到了大众认可。

并不是非上市公司的股权不值钱，而是无法顺畅即时变现。各个投资人对行业和企业的理解各有不同，再加上被投公司的创始人自己也未必认同投资人确认的股票价格，大家就会在价格、数额等条件上扯皮，使得交易难度加大，甚至越拖越久，最终无法完成股权转让。在把股权质押给银行、证券公司等金融机构进行债权融资时，上市公司的股权也因为流动性的优势会比非上市公司的股权质押有利，很多传统金融机构不会将非上市公司股权单独列为资产，一般都需要该公司所有全资子公司、实际控制人做无限连带责任担保，即使如此，在贷款资金到位后，还是会对公司账户进行严密监控，以防资金紧张不能还款的现象发生。

对于个人投资者而言，一旦出现估值滞涨或者下滑的风险，触发了投资协议的对赌条款，便也可以以此为依据对该公司实际控制人及一致行动人进行起诉，并获得相应赔偿，这时投资人持有的股份估值按照协议规定执行。

也有这样的案例，估值的底牌出现了变化，也就影响了投资人对非上市公司的估值策略。

某家以足浴服务为主业运营的公司，由于门店覆盖全国数量众多，管理层水平很高，在完善且高超的技师培训体系推动下，企业家完成了门店收入数十亿元的业绩巅峰。在金融监管机构的鼓励下，企业家开始启动上市进程，也由此迎来了资本投入的高潮。由于企业家年过花甲，思想保守，不想释放太多公司股权，众多资本各显其能只能拿到很少的份额，拿到股

权的机构竞相炫耀，期待这只足浴服务业的大蓝筹股顺利上市。

然而天公不作美，企业家日夜操劳，身体出了问题，很快便与世长辞。在作为实际控制人的企业家去世之前，其妻子并未持有发行人股份，也未在企业担任职务，两个子女均未满 18 周岁，对于公司生产经营的决策控制还有限。而 IPO 发行审核条件中明确规定，发行人最近 36 个月（主板及中小板）或者 24 个月（创业板）内实际控制人不得发生变更。

之前抢筹进场的投资人都慌了。根据规定，企业实际控制人变更后需要企业再运行两年到三年时间，投资人担心实际控制人变更可能会影响该企业生产经营，使企业不再具备持续盈利能力，而且实际控制人的经营能力待考察，上市变数加大，不排除未来投资失败的可能。多亏资金是刚刚投入的，企业还没来得及投入生产经营，又因为是生死大事触发了退出机制，投资人就按照平价完成了退出。

这种情形就是非上市公司估值不安全性的体现。在公司顺利上市之前，没人敢打包票说投资人的钱一定能通过二级市场按时保质保量地退出。

总结一下一级市场投资给非上市公司与二级市场投资

给上市公司的区别。一是流动性风险。一级市场上的投资机构持有的股票流动性差，有的在上市后还会有一定的限售期，上市后卖出也受监管机构规定的限额限制，可能会大大影响收益，所以承担的风险也较高；如果在一级市场拿到的股权价格公允，企业又因为上市拿到资金使得产能增加，业务得到爆发，那么很快在二级市场就会反映出来，也就意味着一级市场的投资人在流动性强的时候，能够得到很高的回报。二是对市值（估值）的影响因素。一级市场主要看公司业绩，而二级市场更多还是随行就市地根据政策、活动、市场公开信息等作出判断以及看是否有并购等刺激股价的消息发生，所以股价虽跟业绩相关，但是关系不大。

股权投资的运气值

风险和收益永远是成正比的。股权投资发生得越早，期待获得的回报越高，相应承受的风险就越大。天使投资或早期风险投资（Venture Capital，VC）的最高预期是获得数倍的投资收益，最低预期是被投公司不破产。私募股权投资（Private Equity，PE）是对处于成熟期的企业的投资，更看重未来企业上市的确定性，对收益要求不是特别高。然而，这些在结果最终实现之前都是臆想。

“21 世纪最缺的是人才”，早期股权投资也是投资的人。团队成员有创业精神，有协作能力，不但要有“资合”的诚意和实力，更要有“人合”的缘分和运气。资本投资之后是不是能有高回报也要看运气，人是最靠谱的，人也是最不稳定的。

笔者的朋友投资过一家大热门公司，投资准入的

门槛很高，创始团队也根据投资方的资源对其排座次、分份额。本轮投资完成后，所有的人都加班加点、废寝忘食，铆着劲儿做业务，希望能早日把公司送到资本市场上市，让股东手里的股权能够变现，员工的期权能够增值。可惜的是，“意外和明天，永远不知道哪个会先到”。公司的两位主要股东在一次出差过程中遭遇车祸，不幸罹难，整个公司的决策变得混乱起来，竞争对手也挖走了几乎所有业务骨干，致使公司业绩一落千丈。结果不言而喻，该公司别提上市了，已经开始走破产清算流程。

企业成败的运气源于各种因素，有时是让好事变坏事，有时也有可能把坏事变成好事。

股权投资公司的资产大池子里，有一个能够“冒尖出头”的，上市后就会给投资机构足够大的回报，也能覆盖其他项目可能带来的损失。所以才有在不同行业赛道里投不同风格公司的需求。每个优质的公司都能得到不同投资机构的青睐，也由此带来资本市场的活跃，刺激创业者的积极性。

有的投资人因为投资了某个知名公司而出名，可是公众未必知道，这位投资人也可能在另外一些项目中投了失败的公司，拉低了其个人投资生涯整体的投资收益。投资人选择投资标的的标准虽高，但基数也会变大，成功和失败的概率同样高。公募基金经理管理的产品有很多，因为配置股票的行业偏好不同，又遇到二级市场的波动和行业周期的联动，也会导致不同产品的收益率天差地别，这跟一级市场上的情况是同样的道理。

正所谓“万事俱备，只欠东风”。即使投资者把对政策大势、团队成员、上下游客户等的尽职调查都做到了万全，甚至还能利用自身资源给企业赋能增收，但能够对企业发展起决定性因素的反而可能是不可言说的运气值。

“东风”来不来，谁说了都不算，运气说了算。

若为财富自由故，傲慢与偏见皆可抛

人们常说："凭知识赚到的钱，都会因知识盲区赔掉。"傲慢与偏见往往是无知的伴生品。对事物一无所知，或者由于某些特殊原因而对事物产生先入为主的认知或了解不够充分，就会产生误会，并因此影响对事物的完整判断。这就是所谓的"管窥效应"。

智者往往都是孤独的，也往往是不被人理解的。他们在选择投资项目尤其是早期项目时，可能会"冒天下之大不韪"去投一家大家不看好的公司，所以在某种程度上，天使投资和风险投资都是挑战认知和对包容度的考验。包容的不只有投资者的知识盲区，还有创业者近乎偏执的创业理念，从善如流的创业者未必能够成功，坚持自己经营理念和商业模式的创业者反而更有可能突围。

正因为投资有"反人性"的一面，所以只有少数创业者和投资人能够脱颖而出。创业成功与投资成功是双向选择的，也是双向成就的。股权投资在投资类别中最具挑战性，所以才被称为“风险投资”。

对大行业、大赛道的选择其实并不困难，平时多看看新闻，了解一下国家政策，从中找准国家鼓励的方向，判断起来也就八九不离十了。但细分行业就不那么好选了，科班出身的创业者至少是能够把赛道跑明白的选手，投资人则未必能看得清楚，说得明白。即使投资团队重点关注某个大行业，其也未必敢对该行业中的某个小赛道下重注，只可能以分散风险的方式，在这类赛道布局部分稳健的项目。

与创业者的执拗不同的是，投资人必须从善如流，不能固执己见，要获取大量信息并将之整合在一起，以判断投资的安全边际是否足够大，而且在投资的同时就要想到退出时能够得到多少收益。在对信息进行整合分析的时候，要按照敏感性分析模型，根据公司经营管理层提供的历史数据和预测经营数据，结合业内对比上市公司或者竞争对手的数据，创建模型进行分析。

信息的可靠性和多面性拓宽了投资人对企业乃至整个行业的理解维度，也会把曾经的傲慢与偏见消弭于无形。投资人在确保信息流畅通的同时，要把有用信息摘出来，作为投资的决策系数，最终根据自己的风险偏好情况进行决策。如果是成熟稳健型投资，可以判断“成功概率为

80% 以上作肯定决策”，如果是风险偏好型投资，可以判断“成功概率 50% 以上作肯定决策”。随之而来的，就是收益的正向比。

为了财富自由而抛掉傲慢与偏见，并非无根无据的，必然是在翔实的资料和对比分析基础上作出的选择。这是对事实的还原，也是对真理的无限追求。怀疑主义在投资学上得到了充分的体现，在尽职调查过程中、在作出投资决策之前、在决定退出投资之前，要敢于怀疑一切，事无巨细地获得真实的数据和材料。

维系"80后"，拥抱"90后"，抓紧"00后"

"80后"往往面临着内忧外患。内忧方面，作为没有兄弟姐妹的独生子女，承担着上有老下有小的家庭压力，目睹了房价飞涨的过程，切身体会着各种费用暴增的场景；外患方面，因为大学毕业不再分配工作而面临竞争激烈的就业市场，因人口红利的逐渐消失开始承担更多的社会责任，还感受到了全球经济不景气带来的失业裁员压力。生活的重担让很多"80后"匍匐前行，除非已经抓住历史机遇实现了衣食无忧的生活，否则很难下定决心完成从打工者向创业者的角色转换。所以，对"80后"的关键词是"维系"。

"90后"作为创业先锋已经遍布各个行业，"95后"的成功创业者也比比皆是。在产品喜好上，年轻的创业者能够更确切地了解哪类产品会迅速打开市场，得到同龄人的追捧。很多网红品牌的创始人都是“90后”，在他们身上，年长的投资人看到了初生牛犊不怕虎的闯劲，又不能完全理解他们的经营理念，于是半信半疑赌一把，砸钱试错，跟着企业深入市场，以保持投资的新鲜感和对市场的前线接触。对“90后”为什么用“拥抱”这个词？因为“90后”正在成为各行业的中流砥柱，不如顺势而为。

抓紧“00后”，是从把“00后”作为主要消费群体的角度来说的。不知不觉，“00后”已经到了法定结婚年龄，“00后”结婚、生子、买房、买车成为大势所趋。“00后”的消费能力在其“70后”父母的支撑下，是相当强劲的。

近几十年来，中国经济发展迅速。有人说，在快速发展的今天，三岁的差距便是一代人认知的差距，即代沟。话说得有些夸张，可是世界观、价值观、爱情观包括喜好的物件有较大差异都是现实存在的。投资人要用好“90后”“00后”的员工，也要参考自己这个年龄段儿女的意见，印证被投公司相关产品、服务在这个群体里的认同感，应该能够在投资风险控制时有所帮助。

第5章

如何判断风口上哪头猪会飞起来

不知从何时起，全球的风口有统一的趋势，要么跟地球的物理载体有关，要么跟科技强国有关，要么跟人口结构有关。不管是元宇宙还是数智化，不管是碳中和还是医疗美容领域，都形成了短期爆发又能引起资本浓厚兴趣的热点。其实，投资应更多关注企业的内生增长和行业发展趋势，奉行风格稳健、理性审慎的投资风格，抵御投机的诱惑，不盲从市场热点，聚焦设定的投资方向，执行既定的投资策略。要提高投资成功率，就要深刻理解和掌握目标行业、目标企业的特点和运行规律，坚持对投资决策的高标准和严要求。

元宇宙热会煳锅吗

“元宇宙（metaverse）”一词出自1992年出版的科幻小说《Snow Crash》，小说描绘了一个庞大的虚拟世界，人们在这个世界里使用数字化身，并相互竞争以提高自己在其中的地位。按照官方的解释，元宇宙是整合多种新技术而产生的虚实相融的互联网应用和社会形态，它基于扩展现实技术提供沉浸式体验，基于数字孪生技术生成现实世界的镜像，基于区块链技术搭建经济体系，将虚拟世界与现实世界在经济系统、社交系统、身份系统上密切融合，并且允许每个用户进行内容生产和世界编辑。

5G通信的优势让游戏的延时变得可以忽略不计，人们可以随时随地进入一个能带来即时性愉悦的场景，把生活中、工作中的烦恼忘得一干二净，在虚拟场景里获得情绪的好转、心情的愉悦。现在的元宇宙多以游戏社区的形式出现，诱导大家在里面买房置地，享受快乐的感觉，过上自己在现实中或许享受不到的生活，用少量的钱就能够实现自己在现实中实现不了的梦想。说到底还是游戏，只不过从打怪模式升级为虚拟生活模式，用虚拟的感受做成的光鲜外衣，掩盖住现实中的窘迫和焦虑织成的衣衫褴褛。

热门好莱坞电影《头号玩家》描述的也是在游戏中通过身体的触感衣物，实现除了基本生理需求之外的其他任何诉求，在虚拟世界中谈恋爱、跳舞、结婚生子、去奇幻的宇宙各地旅游，不亦乐乎。因为有了元宇宙，只要拿着增强现实（Augmented Reality，AR）、虚拟现实（Virtual Reality，VR）、混合现实（Mixed Reality，MR）等硬件设备，过着平凡上班族生活、住着十几平方米出租屋的年轻人，照样可以成为虚拟世界中的王者，把自己的生活打造成不抱怨的世界。

这不禁让笔者想起了著名的“奶头乐理论”。1995年，美国旧金山举行过一个集合全球500多名经济政治界精英的会议，旨在为全球化的世界进行分析与规划。时任美国国家安全顾问、著名地缘战略理论家布热津斯基依据未来全球经济化过程中的“二八现象”，提出了奶头乐理论。“奶头乐”一词最早出现于1996年《明镜》杂志记者彼德·马丁与哈拉特·舒曼合著的《全球化陷阱》（*Die Globalisierungsfalle: Der Angriff auf Demokratie und Wohlstand*）一书，原译为“靠喂奶生活”。

奶头乐理论是相当负能量的理论学说，即让所谓“被放弃的人”得到即时愉悦感，进而放弃进取之心，也对艰辛的生活视若无睹，对物质的追求不再强烈，这样不但能够维持社会的秩序和结构稳定，还能够刺激游戏以及很多能够满足基本生理需求的产业发展，也不失为一种促进消费的手段。这也是西方当政者及精英阶层需要得到的社会。不过，现在元宇宙的外延更加宽泛，也涉及新基建的大量投入，还有视觉科技的大幅升级创新。

从电信运营商宣布为了元宇宙更新通讯基础设施到 AR、VR、MR 设备的推陈出新，从“脸书”由“Facebook”更名为“Meta”到“字节跳动”高价收购硬件 VR 设备制造商“小鸟看看”（Pico），从虚拟地产被炒高到惊人的价格到艺术家们把 NFT（非同质化代币）的概念又挪到游戏中来作为道具，几番操作下来总会有人获利。元宇宙概念经过媒体的爆炒之后，不但刺激了国内 A 股市场概念股的连续暴涨，让其他蹭概念的股票有了突出表现，也让一级市场投资界增加了元宇宙概念投资领域。

回归现实，元宇宙产业链大多数是无法从现有存量中获利的，直到现在依然是资本的游戏，即使未来增量巨大，以现在较小的基数来看，照样没办法短期盈利。可以看到，很多资本在冒险地陪护着创业者们，度过兴奋的创业期，经历平淡的收益期，承受被嘲讽和辱骂为骗子的低潮期，再走过竞争激烈的抢占市场期，最终可能因融不到下一轮投资时只剩一地鸡毛。

当然，并不排除出现多家伟大的公司，让元宇宙持续生龙活虎下去。只不过，目前元宇宙的整个生态还没有成熟到收割大量用户以实现盈亏平衡，虽然元宇宙话题已经成为大众谈资，但依然是小圈子里的游戏，是圈中人一起商业互捧的“独角戏”。

黑格尔讲过，存在即合理。元宇宙行业的边际广泛，生产资料要靠资本来卖给劳动者，才能形成物质力量，然后转化为生产力。只有元宇宙概念渗透到生活里的细节时，才能说它真正实现了足够大的社会价值。

数智化有哪些好的致富机会

国内之前炒得火热的“数字化”，讲的是数字技术的表现形式多种多样；而“数智化”属于数字技术的应用管理，进一步实现“万物互联”和“智慧城市”，使人与人之间的物理距离不变，沟通距离逐渐缩短甚至为零。

对于传统产业来讲，销售渠道的数智化增长主要跟 5G 技术及短视频的兴起息息相关，其实质是进一步用数字技术强化销售，把传统的品牌宣传和营销方式用更直观的方式展现给更广泛的受众群体，以此获得更强的变现能力。

拿食品行业来说，食品行业的技术是有壁垒的，但是壁垒的高度有待商榷。笔者是做私募股权投资的，对于一个项目，在其商业化逻辑跑通之前，基本都是在观望。商业逻辑的验证有一段曲折的路径，并不会只是因数智化就颠覆原来的逻辑。产品系列的受欢迎程度跟供应链的完备程度有关系，食品行业的公司铺设网点的速度与资本认可并涌入的速度呈正相关，在估值和融资额都达到投资方和被投公司心理价位的时候，公司的流水和估值也会被一轮轮拉高。当然，一旦涉及数据，就有很多人为的不确定性，不排除有一些公司去买数据，以此拉高自身的身价，并且吸引下一轮的融资。这是“劣币驱逐良币”的手段，终有一天会得到应有的教训。

教育行业也会因为数智化获得效率和效益的双提升。通信网络发展到今天，传输速度已经日新月异，延时也压缩到极致，对于教育行业来说是一种加持。尤其新冠肺炎疫情期间，远程会议视频系统软件加速升级换代，让多视频教学、线上演示和考试更加便捷。综合多方面因素，数智化会让教育行业产生很大的变化。不过资本已经不会因为远程教育而获利，很多教育行业公司出现了融资的“熔断”。从这个方面来讲，估值方面的挑战已经远远大于机遇。

数智化行业的兴起使企业面临重大的机遇，对资本而言同样如此。资本对数智化给企业带来的业绩增长肯定是乐见其成的，最理想的结果当然就是在资本进入之后，企业业绩能够持续高速增长，那样就能拉高投资项目的安全边际，吸引众多投资人一轮接一轮地投入项目中，集合各个机构的优势资源，追捧出某个领域的“独角兽”。甚至于，能让部分投资在下一轮的投资中连本带利退出，给出资方垫上“安全垫”的感觉，不愁投资不赚钱。

科技服务于生活，也无时无刻不在改变生活。数智化是时代进步带来的技术变革，是人类智慧的结晶，又反过来解放了人类的双手，让人们有机会去获取原来接触不到的信息，享受未曾享受过的生活。

“碳中和”会把钱都中和没了吗

专注碳中和新能源赛道的优质企业，可以说抓住了近五年甚至未来数十年的热点，可能在历史的一小步里面走出人生胜利的一大步。

2021 年 12 月 3 日，工业和信息化部发布了《“十四五”工业绿色发展规划》（工信部规〔2021〕178 号，以下简称《规划》）。《规划》提出，到 2025 年，“单位工业增加值二氧化碳排放降低 18%”，同时，“加强产业基础研究和前沿技术布局”。《规划》的要求几乎遍布了全行业，尤其是新能源行业。在此，我们拓展开讲一讲。

碳中和的要求不但包括开展智能光伏、钙钛矿太阳能电池、绿氢开发利用、一氧化碳发酵制酒精、二氧化碳负排放技术以及臭氧污染、持久性有机污染物、微塑料、游离态污染物等新型污染物治理技术装备基础研究，稳步推进团聚、微波除尘等技术集成创新，还包括：

提高可再生能源应用比重和清洁能源消费比重。加快氢能技术创新和基础设施建设，推动氢能多元利用；鼓励氢能等替代能源在钢铁、水泥、化工等行业的应用；提升工业终端用能电气化水平；鼓励工厂、园区开展工业绿色低碳微电网建设，发展屋顶光伏、分散式风电、多元储能、高效热泵等，推进多能高效互补利用。

推进再生资源高值化循环利用。鼓励建设再生资源高值化利用产业园区，推动企业聚集化、资源循环化、产业高端化发展；统筹布局退役光伏、风力发电装置、海洋工程装备等新兴固废综合利用；积极推广再制造产品，大力发展高端智能再制造。

加大绿色低碳产品供给。打造绿色消费场景，扩大新能源汽车、光伏光热产品、绿色消费类电器电子产品、绿色建材等消费；倡导绿色生活方式，继续推广节能、节水、高效、安全的绿色智能家电产品；推动电商平台设立绿色低碳产品销售专区，建立销售激励约束机制，支持绿色积分等“消费即生产”新业态。

在新能源装备方面，发展大尺寸高效光伏组件、大功率海上风电装备、氢燃料燃气轮机、超高压氢气压缩机、高效氢燃料电池、一体化商用小型反应堆等新能源装备，推动智能光伏创新升级和行业特色应用。

壮大绿色环保战略性新兴产业，加快发展新能源、新材料、绿色智能船舶、高端装备、能源电子等战略性新兴产业，带动整个经济社会的绿色低碳发展。

按照国家的政策规定，碳中和概念遍布包括电力、工业建筑、交通运输等各个领域，在细分行业里，发电侧肯定是重中之重，所以风电、光伏等新能源发电企业的产品供应商不断扩产能，再配合大型国有企业的碳达峰、碳中和目标，订单排到了数年后。工业建筑包括多功能幕墙、绿色建材等行业。在交通运输领域，新能源汽车锂电相关的头部企业已经上市，接下来可以更多关注氢能及加氢、运输氢气等行业的龙头企业，包括新兴的碳捕集、碳交易、碳测算大数据等都是投资机会。

随着国家的政策对碳中和的重视程度越来越高，各地的绿电指标非常火爆。各大中央企业在传统发电侧也开启了新能源发电指标争夺战，策略往往是由中央企业兜底，民营企业在前期去铺设集中式光伏、风电设备等项目，等发电上网运营正常后，再由中央企业收购，以完成国家对中央企业考核的指标任务。也正因为有中央企业和国有企业的介入，生产光伏组件、风电组件、储能相关产品的上市公司的市值很快能翻倍，围绕整个产业链的还未上市的企业也受到了追捧。

碳中和概念股是近几年股票二级市场较为火爆的概念股之一。由于公司上市可能带来更充足的资金、更高的知名度和更多的订单，很多跟碳中和概念结合并不紧密的企业便开始蹭热度，假说自己属于绿色节能领域，是国家大力提倡的碳中和公司。公司的经营业务构成是一以贯之的，即使面子改变了，包括客户构成、商业模式、企业文化在内的里子是不可能突然改变的。因此，投资人在一级市场上考虑进入碳中和概念领域时，要尊重估值的逻辑，不要被表象迷住双眼，理智追捧才是上策，只有这样，投资最终能在二级市场顺利变现。

医美行业爆发是人性的本能选择

人皆有爱美之心，医美是人追求美的一种方式，现在的技术几乎让身体每一个部位都有调整的可能性。医美行业的市场容量极高，只要是人，不管美丑，几乎都有变得更完美的需求。

在二级市场上，玻尿酸第一股华熙生物（688363）的股价不断创新高，还有一些已经上市的化妆品公司，市值也一直居高不下。在一级市场上的医美公司，只要技术和产品过关，资质获得政府审批，一旦宣称有上市规划，投资机构便会蜂拥而至。在医美行业，毛利率高是众所周知的事实，宣传费用居高不下也是行业特性，传统的搜索引擎之外，新兴垂直领域的 APP 不断涌现，也作为广告载体帮助医美公司引流。

近些年来，医美行业发展迅速，业态成熟度很高，因此不断有大牌资本持续介入。线上有导流的 APP，线下有层出不穷的医美门诊，有美容养护诉求的消费者人数众多，其中一些有闲钱的高净值客户甚至入股成为股东，不但能够用成本价享受到平时动辄用高十倍价格才能享受到的服务，还能把美容产品送给关系户和亲朋好友。

高端医疗美容公司服务的人群也是高净值人群，这批人同时是很多银行的座上宾，也有不同的基金机构为其服务。假如资产管理就是“鸡蛋不会放到一个篮子里”的话，医美行业确实可能是让他们有切身体会的投资标的。金融行业客户和医美行业用户的转换可以无缝对接。

不过投资医美行业也有不少风险，假如宣传力度不够，供应链不能理顺，砸再多的钱请再多的专家，也不可能赚得盆满钵满，运营能力相当重要。总的来说，综合经营能力强才是这个行业能得王道的关键。

说说曾经最火爆的教育赛道

无论何时，学习都是最优的上升通道。就投资而言，职业教育是个相当优质的赛道。《国家职业教育改革实施方案》出台，高职推进百万扩招、“双高计划”立项、1+X证书制度正式落地等都是利好消息。如今国家更加重视职业技术教育，代表着高等教育将走向大众化。2019年以来，教育部批准了22所学校开展本科层次职业教育试点，打破了职业教育止步于专科层次的“天花板”，人们对蓝领的偏见也会逐步打破。在国外，一些国家的人口红利不强，使得蓝领工人也能走上不错的发展道路，薪资福利水平并不比受过本科及以上教育的人差。

职业教育的兴起，一方面与我国的产业结构调整有关，第一产业规模化，第二产业高科技化，第三产业扩大化，服务行业需要更多的劳动力。另一方面与人口结构变化有关，现在我国老龄化进程加快，工厂缺少年轻工人，有订单没人生产，有的工厂甚至因为缺少员工而倒闭。

笔者熟识的某个专门投资教育领域的基金公司合伙人，投过不少K12相关的线上或线下教育公司，这些公司在“双减”政策的影响下，大都面临着倒闭破产的风险，至少也不会再有投资公司来接盘，要么转型，要么消失。他对笔者说，多亏当年他力排众议，投资了几个职业教育学院，现在它们有稳定的学费现金流保障，有国家一系列的补贴支持，还有很多政策红利能够助其开设好的专业，吸收好的生源，否则真的就是血本无归，这期基金很难跟LP交代了。他打算未来等职业教育学院整合壮大后去香港上市，香港教育类上市公司的P/E也有三四十倍，虽然交易不活跃，退出尚需耗些时日，可也总算能够换一些心安，对LP有一个交代了。

NFT，我还有机会吗

NFT，全称为Non-Fungible Token，指非同质化代币，是用于表示数字资产（包括jpg和视频剪辑形式）的唯一加密货币密钥，可以买卖。在我国，NFT也是被承认的极少数可交易虚拟财富之一，主要以京剧、音乐、电影制作视频尤其是知名画家的画作为载体。

埃隆·马斯克的推文，包括配文、剪辑和歌曲曾经被整合在一起，作为NFT在网站出售，价格高达百万美元。除上述传统艺术作品被NFT化外，各种卡通头像更是大行其道，根据Opensea（目前全球最大的综合NFT交易平台）数据显示，2021年推出的无聊猿游艇俱乐部（Bored Ape Yacht Club），由10000个具有不同面部表情、装饰和属性的猿猴图画组成，上线定价约200美元一个，当晚10000只随机生成的卡通猿全数售罄。当年无聊猿项目在二级市场的销售额超过10亿美元，交易者超过6300人，最贵的一只无聊猿（编号 8585）售价高达 270 万美元。NBA 球星斯蒂芬·库里当时用 55 个以太坊（时价约 18 万美元）买下了一个无聊猿头像，歌手林俊杰买入编号 3914 的无聊猿头像，坊间估价逼近 12 万美元，知名歌手贾斯汀·比伯也入手了一个无聊猿头像，成交价更是达到 130 万美元。

随着明星们的大手笔买入，NFT 也吸引了越来越多人的眼球。新生事物的出现必然伴随着乱象丛生，各种诈骗手段也开始萌生，大批非法人员以上述成功案例为由，在三四五线城市宣扬 NFT 是最后的财富自由密码，鼓动人们要在风口吃第一只螃蟹才能赚到大钱。这就需要投资者冷静判断，不要盲目听信吹嘘之言。

笔者身边有为 NFT 提供画作的朋友。创作过程不难，应站点要求每天能创作 30 ~ 50 幅，作品特点必须是时尚、吸睛又带点无厘头，除了能够拿到固定的创作费用，还能保留一部分 NFT 作为酬劳。站点为他投放各种媒体宣传，在传统创作领域炒作其作品，吸引大众。再以其在传统媒体和市场的作价反推到 NFT 市场，这种炒作整个流程控制在 3 个月到 6 个月，剩下的就看社群销售的力度和销售人群的精准选择度了。

放眼望去，现在 NFT 其实还是原有的一波小众在炒作，赚钱的永远是少数派，并不能形成大气候。用“阴谋论”的眼光来看，依然是先建社群培养“韭菜”，再撒化肥式地宣传、找名人站台、爆炒造势，激起“韭菜”们的投机心理，然后一把收割。投资者即使真的要投资，也不要过于冒进，应针对已经成名或者已经有大批用户的作品，要量力而行，量钱包而行，更要量风险而行。首先需考虑自己是不是合格的“韭菜”，有没有让财富再生的能力，万一自己是“麦子”，被割完之后麦秸被制成腐殖质肥料，变成收割者们培养下一任“麦子”的养料，那就得不偿失了。

机器人以哪种方式占领地球

《变形金刚》一直是男孩子最爱看的电视动画片之一，机器人闪耀登场的场景总是激荡着孩子们的内心。不知不觉，变形金刚开始走出荧屏，真正来到我们身边。机器人的研发和应用数十年来突飞猛进，几乎各个生产制造领域、教育服务领域都有应用实用性机器人的场景。日常生活中，餐厅里的送菜机器人、客厅里的扫地机器人、快递物流的送货机器人等随处可见，在科技改变生活的各个场景中，都有机器人的影子。

工业和信息化部公开的数据显示，从规模上看，“十三五”期间，我国机器人产业规模快速增长，年均复合增长率约 15%。2021 年，工业和信息化部、国家发展和改革委员会、科学技术部等 15 个部门联合印发《“十四五”机器人产业发展规划》（以下简称《规划》）。《规划》提出，到 2025 年，我国成为全球机器人技术创新策源地、高端制造集聚地和集成应用新高地，机器人产业营收年均增速要超过 20%，制造业机器人密度要增长 100%，即 450 台 / 万人以上。工业制造 4.0 推动了制造业向智能化转型，而机器人作为制造业的智能化代表产物，其研发、制造、应用是衡量一个国家科技创新和高端制造业水平的重要标志。相关数据显示，2020 年，我国机器人产业营收突破千亿元，制造业机器人密度达 246 台 / 万人，是全球平均水平 126 台 / 万人的近两倍。

机器人的研发、生产行业是未来的热门行业之一，对这个行业进行的投资，涉及服务机器人、特种工机器人、教育机器人，应用场景多种多样，包括仓储物流、教育娱乐、清洁服务、安防巡检、医疗康复等领域。既然投资品类如此广泛，而变现的时间也不会太长，那么按照正常的投资逻辑，这一行业技术门槛高、应用场景明确且市场容量较大，B2B 的生产商要得到优质大客户认可，B2C 的生产厂家要把品牌宣传和渠道铺设做到位，在产品硬件过关的情况下，知名度和变现速度、体量就会成正比。

机器人组成零部件包括传感器、激光雷达、减速器、核心电子元器件等，软件包括核心算法、控制系统等，这都是可以投资的细分领域。长江三角洲、珠江三角洲地区零部件和系统生产厂商有很多，笔者见过很多号称自己有独特技术的生产商，追根溯源都能找到核心零部件和软件生产的供应商。在国内供应链如此完备的现状下，与科研院所或者地方政府有一定的项目合作，通过在当地建设工厂来拉动当地政府主导的机器人采购需求，也是把第一笔政府的产能补贴基金拿到手的方式。

让企业成为当地政府先进制造业转型的标杆企业，再通过公关宣传和政府推介，使其通过拿地方政府的投资引导基金壮大实力，拿项目拿地，增加固定资产，这也是一种不错的成长方式。不过，最后的估值还是需要市场化投资机构的认可，否则也有可能是圈里的资金和创业者一起拍脑袋而来的暴涨的估值自娱自乐了。

第6章

别碰！整条街上“靓仔”不多

“靓仔”是广东人对男生的通用称呼。“靓”是好看的意思。各行各业都有领头羊、龙头企业，不过是量多量少的问题。这里面有行业本身企业多寡的原因，更有行业是否为政策重点鼓励和发展行业的原因。虽然风口的风很冷，但是能借风起飞的“靓仔”很多，风口也自然成为资本一窝蜂扎进来的端口。只要接入资金，直通优质企业，资本最终就能获利。有正面自然有反面，背风的行业里“背过气”的企业不在少数，投资血本无归的概率也更大。

影视行业的冬天有多少“寒号鸟”

曾几何时，文化影视行业投资如火如荼，大小基金林立，知名演员、导演的作品投资份额转手就能赚到 20% 以上的年化收益。

原因有几个：一是知名演员、导演有票房号召力，其作品在院线排片时有优势，也就代表着票房的预期收益会较高，能够覆盖投入拍摄的成本；二是电视剧如果有电视台或者网络平台的协议锁定，投入产出比很好测算，资金可以根据自己的风险偏好选择电视剧来投资；三是文化影视本身就是一个较为封闭又很多人关注的圈子，有神秘感，也有各种资金愿意进入；四是因为电影、电视剧拍摄周期较短，一两年便能清算结束，并且可以在进度过程中卖掉部分份额，分时退出，获得最佳收益和风险配比平衡。

除此之外，各地政府为了宣传当地特色产品、特色文化、知名景点，也会有不同力度的文化扶持政策和补贴。

金融机构专门设计了投资理财产品，有了金融机构的背书，再加上募集网点遍布全国，几千万元甚至数亿元的募集也很快能完成。大制作、大投资虽然未必会有大回报，但在有知名影视公司保底的前提下，假如运作得好，往往能够保本保息。

在影视繁荣的几年，笔者听说过一个故事。某位煤炭企业的老板正好有一些闲钱，考虑到院线电影投资大，赚钱的只是极少数，自己也接触不到顶级的明星资源和项目，便在身边朋友的撺掇下，投了一些只在电视台播放的电视剧，他的条件是这些导演要将拍摄地点定在自己矿产所在的地级市，自己作为制片人去申报当地的文化创意补贴。两三百万元砸下去后，不但在电视平台上收回了成本，还小赚一笔。投资瘾上来了，他又做影视城，短短几年，拿了几百亩土地的使用权，拍了几十部电视剧、电影，对当地文化旅游的宣传也算作出了贡献。

前几年，这样的投资者不在少数，各个产业链也都能够获利维持生存。然而近几年的影视行业已经不复当年的辉煌，投资人也都变得谨慎了，无论是经营影视产业园还是打造文化小镇的影视项目，或是号称网络平台定制剧早

涝保收的项目，都很难让投资人提起兴致。这其实跟预期收益无关，电影作品的预期收益变动很大，又不能有强担保的保底措施，这主要跟国家相关政策收紧以及害群之马对行业的口碑影响大为相关。

如果想在影视行业参与确定性较强的投资项目，可以考虑经过市场验证的影视作品，围绕影视行业的周边产品，比如游戏竞技、VR 科技主题乐园等进行投资，通过购买土地使用权、产业园运营，让收支达到总体平衡。

教育，教育，还是教育

近几年，国家对 K12 课外教育采取了有力措施，提出“双减”政策。一是针对课外培训机构的“三限”“三严”：“三限”即限制机构数量，限制培训时间，限制收费价格；“三严”即严管内容行为，严禁随意资本化，严控广告宣传。二是针对校内教育的“三管”“三提”：“三管”即管好教育教学秩序，管好考试评价，管住教师违规补课；“三提”即提高教育质量，提高作业管理水平，提高课后服务水平。上述要求让此前蜂拥而入 K12 课外教育的资本折戟沉沙。

知名财富管理机构 P 公司，经过分析教育培训行业的前景和投资热度，决定转型教育综合体，准备把所有关于教育培训的机构都放到一个商场主体中，由自己全盘投资和运营。这种模式可以选择在居民住宅

小区密集的地方，也可以选择在学校周边，结合政府想要盘活的资产，做教育培训产业园，继而推而广之。所有的进驻品牌要么是加盟P公司的教育公司，要么是响应监管机构号召，陆续裁撤分散网点，打算集中力量干大事的培训机构。为了追求开业速度，P公司投入了几千万元自有资金，主要用于场地装修、宣传、招聘等，并没有向当地政府申请补贴或向金融机构寻求借款。

百废待兴之际，却遇到了新冠肺炎疫情的暴发，又与“双减”教育改革政策打了一场遭遇战，P公司教育综合体的开业招商并不顺利，本次资金投入成了一笔坏账，各个地方进行到中段的项目也都叫停，致使P公司陷入危机。

其实这种模式曾经有人尝试做得很成功，不过P公司实在是过于乐观，在模式未被实践验证的情况下又找错了风口，准确地说是找到了“下风口”，在没有收回投资时过早地铺开布局，导致坏账频出，投资失败。

教育行业有几个细分领域，除了职业教育之外，还因为全国各地目前幼教阶段艺术类兴趣培训班需求爆发，让早期艺术类教育成为资本扎堆的方向，而数学、英语等

K12 课程培训已经成为不堪资本回首的往事。随着现在教育信息化从常态化应用向全方位创新转变，K12 教育信息化或将成为教育信息化行业的最重要细分市场，其中，涉及 5G、超高清、AR、VR、人工智能等技术的新一代沉浸式体验型视频内容制造传输和素质教育外包类型的教育信息化企业，其市场将逐渐拓展，前景可期。

投资教育领域，应更加关注利润率和未来可能发生的政策风险，这些未知的风险都可能成为定时炸弹。

曾经的落后产能先进起来了没有

曾经有段时间，“淘汰落后产能”是一个热门话题，企业改善环保设备和流程、提升生产技术都是减少粗放型企业的措施。那么，优胜劣汰之后有多少企业能够生存下来？落后产能的转化有没有新的出路？这类企业能不能投，投进去了会不会见不到第二天的太阳？

产业升级尤其是制造业生产技术、生产工艺的改进，都是让落后产能转化为先进产能的途径。根据国家地区发展水平的差异，在发达的东部沿海地区或者一线城市，转移高能耗、高损耗的制造企业成为当地政府的首要任务，而中西部地区在避免环境污染的前提下，即使没有技术更新，也非常愿意接收此类企业，因为根据当地的地方工业企业标准，此类企业不算是落后产能。不过，这类企业虽然可以得到当地的投资，却无法通过上市环保评估，也就无法作为并购资产装入上市公司。那么，股权投资就无法通过正常方式变现，风险之大可想而知。

落后产能之所以愿意在某个行业扎堆，一定是因为有充足的市场需求，在成本可控时，自然会有大批企业涌入。如果在被关停整顿的过程中，订单及成本的损失小于重新投产后获得的收益，那么那些能够改进生产设备和生产工艺、提升生产效率的企业，不但可以在当地政府宽限缓冲期内到达行业中上游水平，还能够利用撤走的同行业企业释放出来的供应链和客户空缺，在原有业务半径内增加订单量和人才储备。长远看来，投资人对被投公司的综合判断依据不但包含现有的产能竞争力，更多要看企业家是否雷厉风行作出正确的决策。

某小钢厂，产能不高，污染严重，在淘汰落后产能政策出台前，期望罚几次、躲几次就能把风头躲过去。结果经过多次与环保部门“捉迷藏”后，不仅被公告处罚，把过去几年的利润都交了罚款，还被判定无法通过环保测评，不能正常开业。

钢厂老板曾经幻想通过资本市场融资，也有投资人对他未来登陆新三板心存幻想，现在各种幻想破灭，打破了老板不切实际的股权融资想法。通过老客户介绍，老板认为“一带一路”沿线国家和地区会有大量的建设需求，钢材肯定会供不应求，便举厂搬迁，搬到了西部地区，离海运的铁矿石卸货点更近了，政策上还享受了搬厂补贴。在老客户的牵线搭桥下，钢厂找到了新的包产能的大客户，也幸运地生存了下来。

第7章

风险控制到底有多重要

股权投资最重要的环节是风险控制，风控人员的配备是重中之重。钱出口袋和进口袋就在一念之间，风控握着扎紧口袋的绳子。但凡不重视风控的投资机构，都注定亏损。投资人的投资策略会影响风控的宽松程度：假设投资人是风险偏好型的，那么可能投资更激进一些，也会随之提升风控宽松度；假设投资人是风险厌恶型的，那么对风控就会比较谨慎。个中平衡，需要每个投资人各自把握。

专业尽职调查属于事前避险

尽职调查又称谨慎性调查，是指投资人在与目标企业达成初步合作意向后，经协商一致，投资人对目标企业一切与本次投资有关的事项进行现场调查、资料分析的一系列活动。笔者定义的专业尽职调查，其实是从投资人个人或者所依托机构的角度，依靠投资部员工进行调查、研判、分析，最终作出决策的过程。笔者认为，进行专业尽职调查是投资人决定投资的必要条件。

不管哪类企业，生产经营管理都会涉及方方面面，一般有研发、销售、生产、质量控制、行政管理等部门，各司其职，各管一摊。最详尽的专业尽职调查自然是可以针对不同岗位设计问题，由其作答，从而得到真实可靠的结论，具体可分为对公司内部人员和外部人员的访谈。公司内部人员包括公司实际控制人、所有高级管理人员、中层领导干部、骨干员工、一线财务和销售人员等重点人员，对其的访谈主要是为了了解公司的运营中是否存在致命的问题，有没有完备的财务、采购、生产管理制度，经营生产风险是否可控。公司外部人员包括公司上下游供应商及渠道商的主要管理人员、采购和使用生产资料的核心人员以及有财务往来的关联公司核心人员。这个过程需要被投公司的配合，也需要被投公司积极协调相关公司配合。假设投资人是足以让被投公司重视的，上述流程应该尽可能走一遍。如果有条件，投资人还可以通过专业的咨询公司，协调同业竞争公司的中高层、相关产品所依附的科研机构或者科学家进行访谈，访谈内容都能作为辅证以控制发生风险的概率。

在现实中，被投公司并非对每个投资人都会开放访谈和专业尽职调查，尤其是在被投公司很抢手、融资金额巨大、对投资人的战略需求比较严苛的情况下，只有领投的投资人才有可能把上述流程走完，其他投资人可以通过付费等方式取得领投方的上会报告，以便过自己的投决会。

专业尽职调查需要专业的团队配合，该团队内不但需要传统投资机构必备的法律、金融、经济、会计等专业人才，最好还能有与被投公司相关专业的人才，如电子、新材料、精密仪器等工科背景出身的研究员。科班出身对实业的认知程度会更深一层，也能有诸多校友资源可以用，这些都有利于专业尽职调查的效果。

基金公司有时候会邀请普通投资人以LP的身份参与各种专业尽职调查类访谈，普通投资人也乐在其中，不但收到了来自GP的示好信号，还能够接触新的领域，甚至能够通过这种会议找到生财之道。GP这样做，一是为了增强LP对投资机构选项目精准度的认可，以加快过会速度；二是能够协调LP的各种资源，对被投公司事前投资做个判断，为投资后的赋能埋下伏笔；三是为了能博得“金主爸爸”的欢心，为了下一期基金的募集增加印象分。

聘请第三方机构的注意事项有哪些

投资人对企业进行的第三方尽职调查主要包括法律尽职调查和财务尽职调查，这两项工作可以称作投资尽职调查中的“擎天白玉柱，架海紫金梁”，基本是靠律师事务所和会计师事务所完成的，说到底，还是要选人。法律尽职调查是指在并购、证券发行等重大公司行为中，由律师进行的对目标企业或者发行人的主体合法性存续、企业资质、资产和负债、对外担保、重大合同、关联关系、纳税、环保、劳动关系等一系列法律问题的调查。财务尽职调查是由财务专业人员针对目标企业，对与投资有关财务状况的审阅、分析、核查等专业调查。

自 1969 年开始，总部位于英国伦敦的法律服务评级机构钱伯斯每年会根据各国主要律师事务所和律师在擅长领域做出的成绩，发布排行榜。因此，投资人在选择法律尽职调查机构时，可以考虑到以三个因素作为评分权重。一是在钱伯斯榜单的私募股权——收购与风险投资领域（private equity: buyouts & venture capital investment）榜上有名的律师事务所。二是因为律师事务所多是合伙人制，即使事务所能够上榜，参与本次调查的合伙人未必能够胜任尽职调查工作，因此还要看专业团队里是否有上榜人员；如果没有，就看做过的案例数量以及涉及的金额大小。三是看商务报价，笔者认为，把工作做细做好，远比省下些律师费用有价值。选择适合的律师参与法律尽职调查之后，剩下的事情就可以交给专业团队了。

在财务尽职调查中，会计师应严格按照投资方的关注点进行调查。财务尽职调查关注的是企业财务的规范性、成本和支持偏离行业平均水平的合理性、产品研发投入的分解支出合理性、股东背景和管控结构、经营和财务数据等，并且要给出被投公司在获得投资前的整改建议和意见，以便配合好下一步的投资和并购的资本运作。

会计师事务所在企业年审时只需要做到两点：一是出具审计报告，对财务报表是否真实、公允发表审计意见；二是出具财务报表，主要包括资产负债表、损益表、现金流量表以及附注，不需要对财务报表加以评析。相比之下，在财务尽职调查中，会计师投入的时间和人力都会倍增，成本自然比企业年审更高，价格更贵，在投资过程中也更不可或缺。

会计师事务所和律师事务所在签署服务协议时，会计师通常会强调报告内容基本上是根据口头查询获得的，并未进行任何审计或验证，因此内容的可靠性不及审计报告。与此同时，两支机构都会要求聘请方即投资人给予承诺，对尽职调查过程中专业机构因非故意的失误所承担的赔偿责任给予补偿。

如果投资机构本身配备了专业律师和会计师，如果不是硬性规定在投资前必须经过第三方机构报告的报备，也可以通过内部人员对企业进行相关尽职调查。或者在专业尽职调查中，由内部人员对第三方的尽职调查结果进行查缺补漏，从不同视角对比真实性，用于在投资决策时佐证。

分期投资作为风险控制手段有效吗

覆水难收，如果形容投资完成时的状况也是可能的。资金到了账上，很快就会被被投公司用出去。当然，做到钱不离手也不现实。也可以分期到款，签订一份附条件或者附期限的投资合同。附条件合同是指当事人在合同中特别规定一定的条件，以条件的是否成就作为合同效力发生或消灭的依据。附期限合同是指当事人在合同中设定一定的期限，作为决定合同效力的附款。

《中华人民共和国民法典》(以下简称《民法典》)第一百五十八条规定："民事法律行为可以附条件，但是根据其性质不得附条件的除外。附生效条件的民事法律行为，自条件成就时生效。附解除条件的民事法律行为，自条件成就时失效。"《民法典》第一百六十条规定："民事法律行为可以附期限，但是根据其性质不得附期限的除外。附生效期限的民事法律行为，自期限届至时生效。附终止期限的民事法律行为，自期限届满时失效。”

投资人在尽职调查过程中，根据掌握的信息，对被投公司提出意见。比如在本轮融资中，为了避免资金闲置的情况发生，需要了解公司将资金用于处理遗留问题的情况。可以签订一份总投资协议，规定资金分期到位，第二期资金到位是以遗留问题处理完毕，各方给出确定的法律文书或者走完法律流程为前提的，这就是附条件的投资合同。与此同时，投资机构也接受期间估值的合理增长，其实就等于是锁定了“+”轮的投资额度，这样能够有效规避投资机构可能面临的踩雷风险，也能增加资金的利用效率。这样做对投资机构是有利的，对被投公司的风险在于，假设前述条件未能完成，则投资协议的下一部分不能生效；也有可能条件虽然完成，但是由于投资机构的 LP 出现了问题，下一期款不能到位，上一期的钱又为处理历史遗留问题花光了，让企业发展更加被动。

比如某企业为了尽快拿到资金启动一期工程，前期需要一部分资金拍到土地，便可与投资机构商定将这部分资金作为投资机构的第一期出资，后续再购买设备、准备物料、招聘人员，以作为下一次出资的生效条件。当然，如果完成不了，也可能成为解除投资协议的条件。假设在协议中规定企业达到拿下一笔投资款的条件期限是 6 个月，这就是附期限的投资合同。

在分期分批到款合同里，为了让双方都放心，违约责任的条款设定便显得尤为重要。《民法典》第五百七十七条规定："当事人一方不履行合同义务或者履行合同义务不符合约定的，应当承担继续履行、采取补救措施或者赔偿损失等违约责任。"故被投公司应该先让资金按照交易对价到位，再进行工商变更，避免发生法律纠纷。当发起人未出资或未足额出资时，则基于订立的投资协议的约定，该出资瑕疵的发起人（或股东）应当向已按期足额缴纳的其他发起人承担违约责任。对内需要赔偿公司股东损失，对外如果因为出资不到位产生债权等纠纷出现损失，先由公司对外进行赔偿，相关瑕疵股东也要承担连带责任。

总而言之，现在各种公司信息查询软件随时可用，信息更新相当及时，投资人除了日常参加被投公司董事会或者在被投公司安插"内线"外，还可以以软件做辅助，密切关注被投公司的经营状况。此外，还要关注是否有合同诉讼、知识产权类诉讼等风险，假设在了解情况后发现不能逆转变局，应及时行使权利，申请法院采取保全措施，先把自己的利益保住，再论其他。

把钱交给基金公司投还是自己投

基金管理机构应建立完善的公司内部治理架构，董事会、监事、股东会和经营管理层各司其职，并设有风控部、投资部、基金管理部等部门，各部门明确分工；同时，针对基金募集、投资决策、投后管理及基金退出均制定相应的管理制度，以有效地进行公司管理并进行高效的投资管理活动。

基金公司的风险控制体系一般由董事会、风控部、投资决策委员会及公司各业务部门组成，制定《风险管理制度》《投资管理制度》《投资决策委员会议事流程》，各层级各部门履行各自的风险管理职责，对项目投资前、投资中和投资后进行全流程风险控制。

相比较而言，把钱交给基金公司投资更能控制风险。基金公司配备专业的风控团队和项目管理团队，对项目投资、投后和退出管理进行全方位风险把控，不少基金公司聘请的团队投资经验丰富，投资业绩较好，并且熟悉产业运营，对产业理解深刻，能够较好地把握投资机会。而且一般都配备独立的投后团队，紧密跟踪、分类管理投后项目，实时协调资源，助力投后项目良好发展，同时对问题项目及时预警并提交解决方案，监督其规范化运营。具体包括：持续跟进项目进展；定期收集所投项目的财务资料、行业发展情况、企业业务状况等，并根据项目的实际发展情况及时调整投资策略及退出策略。个人投资者可以参考基金公司的操作做法，聘请专人做投后管理，不过这确实很费钱。

在投资基金产品时，一般需要基金公司提供募集材料，内容通常包括基金要素（主要有：基金名称、法定地址、经营范围、募集金额、存续年限、出资人、出资方式）、基金结构图、公司组织形式及管理模式、管理费用及收益分配、投资策略（主要有：投资对象、投资地域、投资方式、投资金额、回收策略、操作流程）、管理公司资源及优势分析、拟投资项目简介、风险控制措施、投资收益预测等。

对于合格的个人投资者来说，在基金产品募集时基金管理人也会提示一些风险。一是资金损失风险。基金管理人依照恪尽职守、诚实信用、谨慎勤勉的原则管理和运用基金资产，但不保证基金资产中的认购资金本金不受损失，也不保证一定盈利及最低收益。二是募资失败风险。基金的成立需符合相关法律法规的规定，基金可能存在不能满足成立条件从而无法成立的风险。三是投资标的风险。基金投资标的的价值取决于投资对象的经营状况，相关经济政策、产业政策、法律法规、经济周期的变化以及区域市场竞争格局的变化等都可能影响所投资企业的经营状况，进而影响基金投资标的的价值。四是流动性风险、税收风险、基金运营风险等其他风险。

除此之外，监管机构还不允许股权投资机构对预期投资收益率作出承诺。这些风险提示是对投资人的警示，毕竟是风险投资，顾名思义就是“有风险的投资”，不是银行存款利息。

基金公司会按图 7–1 所示的决策流程，尽量规避风险。

除了上文需要提示的风险，按照国际惯例，基金公司每年会收取投资人投资金额 2% 左右的管理费。投资收益分配规则是，基金就其任何项目投资取得现金收入，基金管理人将在取得现金收入 15 个工作日之内尽快向各 LP 进行分配，并且在 LP 的投资收益率小于等于门槛收益率约 8% 的情况下，基金管理人不享受业绩分成；在 LP 的投资收益率大于 8% 的情况下，由基金管理人和全部合伙人按照 20%：80% 的比例对收益进行分配。上述投资收益率的计算方法为：

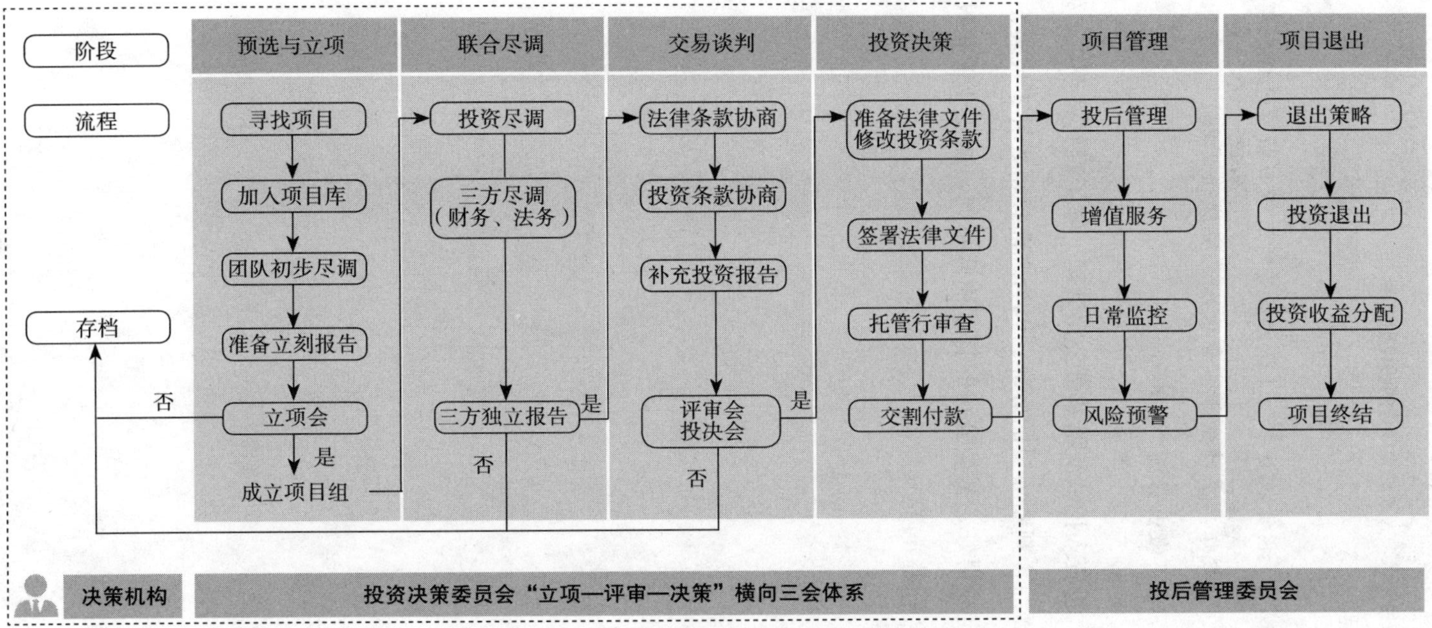

图 7–1　基金投资决策体系——三会制度，严控风险

投资收益率＝（基金就其所有项目投资已经取得的现金收入累计金额－合伙人总实缴出资额）÷合伙人总实缴出资额 ×100%

投资人把钱交给基金公司管理，除了看其是否知名外，还要综合判断项目的好坏，因为之前投得好并不代表未来一定投得好，基金公司的管理团队不同，往往业绩和眼光也会有差异。

第8章

烂公司的坑是填不完的，但可以躲开

资本市场上的“坑”，不管是天然形成的，还是人为挖出来的，都是为了把人和钱引进去，再填土“毁尸灭迹”，最后拍拍屁股走人了事。有时候，投资人明知道可能会有很大风险还是照样要跳进去，虽然跳进去的时候还不带着逃生工具，却一副义无反顾、舍生取义的架势。这一章将告诉投资人如何绕开坑，避免主动跳坑，以及在不可避免地入坑之后如何逃离险境。

套路得人心，坑人不值得，规律不可破

创业公司套路多，要处理的事情也极其繁杂。有时候创始团队自己都不晓得未来哪个点会发展成坑，坑投资人的同时也坑了自己。

商业计划书是将创始团队对企业的设计构思、实际操作方式都展现出来的必需品。商业计划书一般由项目概况、投资亮点、业务板块、团队介绍、财务现状及预测、上市及融资计划等构成。有些创始团队在做商业计划书时，给投资人展示的都是具有诱惑力的产品和商业模式，如该产品所处的行业有极高的市场容量，看不到顶；能力超强的团队成员，堪称同类企业中的“王炸”组合；安全边际很高的价格，投入产出比绝对好看……

总而言之，创业者们给投资人展现出来的投资亮点无数，畅言“风险规避有术，投入产出靠谱，难得如此好项目，你若不入，有的是人要入”，本着“把人忽悠死了不偿命，把人忽悠瘸了很正常”的原则，能往好里说绝不往歹里说，反正好说歹说就是为了让投资人掏钱。

商业计划书写得再好，也可能有无数大坑等着投资人跳下去，其中最容易在尽职调查中被识破的一点，便是企业的描述违背了行业规律的情况。如若只是通过烧钱来无序扩张和成长，表面上是通过“战略性亏损”争得了“面子”，主要表现为市场份额陡增，公司规模几何级扩大；实质上，“里子”并不好看，表现为管理水平跟不上业务的发展，“跑、冒、滴、漏”现象常态化。虽然收入增长迅速，但狼性扩张带来了现金流紧张的局面，在未来资本出现断档时，极有可能死在融资的路上。只是在业务销售和研发上盲目加码，输血功能强劲，造血功能缺失且短期内发展无望的话，投资人的钱等于是打了水漂。

比如按照规律，寿险公司的亏损期是 7 年，餐饮企业达到盈亏平衡点大概要 10 个月，在这些传统行业里，本就无所谓破局式的颠覆性创新，哪里可能有大幅缩短的亏损周期之说？反观餐饮行业，成本无非是食材、人力、租金、水电，只要能持续有回头客，就能进入良性循环。多数国人在海外能快速创业的途径之所以是开餐馆，也是因为开餐馆是“勤活儿”，只要肯吃苦，自然有饭吃。

举个例子，不断涌现的网红餐饮店、奶茶店靠的也无非是宣传造势，请人帮忙排队打造火爆的消费场景，再找些网红大肆宣传，营造出红透半边天的氛围，这样获客成本虽高，却能增加现金流水，增强造血功能。有了现金流，就能吸引加盟商，持续开新店。店多，集采的产品就多，自然就有了议价权，再去银行申请低成本贷款，假如有不收利息的股权投资进入，就能再接再厉渲染出之前不敢花钱营造的声势。换句话说，“造富”这词在这里的含义指的是，“富”是花钱造出来的。

行业规律大多是前人创业、经营摸索出来的，后人延续并认证，后来有了金融行业，寻找和总结行业规律就成了行业分析师的工作。券商的行业研报上相关内容非常丰富，总能在其中找到几家对标的上市公司，摸出这个行业龙头的发展规律并以之为参考。投资人有这些材料傍身，甚至不用懂太多金融知识就能把打破规律的谎言拆穿，碰到胡诌八扯的项目转身就走，既节省了时间和精力，也能避免自己的辛苦钱打水漂。

你要投的人看中的是高薪报酬还是股权增值

资本江湖中曾经有一个流传已久的故事。在创业创新热情高涨的年景，有一名在中关村工作的保安编造了一个组建高端人士保安公司的故事，号称会聘请退伍军人，为企业家提供保镖服务，同时还能引入金融机构的个人理财服务，只要客户愿意拿钱给理财机构，就能帮他们把付给保安公司的钱通过理财赚回来。

在“傻钱”的追捧下，这名保安顺利拿到了300万元的天使投资，先给自己发了月薪50万元的工资，然后成立皮包公司，煞有介事地找了一些老乡组建保安团队。以这名“创业者”的人脉，他很难找到信任他们推荐的理财公司的企业家。结果骗局在短短3个月内便被揭穿了。

这个故事非常极端，可是这类坚持拿高薪的创业者并不少见。给自己开高薪，也许是出于从大公司脱身创业的心高气傲，是对自身价值的高度自信，但更多的情况都是刻意甚至恶意为之。创业者拿到投资人的钱，先给自己和团队高管、七大姑八大姨组成的中层团队发高薪，想方设法地报销费用、贪墨支出，通过关联贸易公司定购子虚乌有的货物和服务，只要是能够捞钱的环节，一个都不能少。有这些人品极差的“蛀虫”，想不让公司倒闭破产都难。

投资人虽然算股东，但不少都是没有董事席位的股东，甚至是在投资机构身后跟投的个人小股东，没有话语权，更没有知情权，出资之后，就再也没见过创业者本人，更别说想查被投公司的账了。放羊至少还能看到有多少只羊，放钱进这样的公司，连自己钱的边儿都不会再碰到了。

个人投资者容易被欺骗、被假象迷惑，机构投资者也不例外。个人投资者买入了投资机构的产品，是因为投资机构有风险控制和投后管理制度。投资机构要做好投后管理，首先就得有知情权，将被投公司的财务月报、季报、半年报、年报都按时拿到投后管理团队复盘，并且监督被投公司的运营，避免出现投资失败的状况。可是这种制度即使在投资合同中约定，也无法强制要求故意拖沓甚至不想给的被投公司遵守，投资机构的经理又不能撕破脸皮去被投公司“静坐”。而往往到了这种时候，基本可以断定这类公司不可能有好的回报，血本无归也是有可能的。

对于人品不佳的创业者而言，他们做的不是事业，而是给自己找一个打高级工的职位。他们不追求把公司做大，更不追求通过提高公司估值拿到下一轮融资并最终通过资本市场退出变现。至于公司的各种支出，由已经入瓮的投资人来承担，他们根本不操心。常常有投资人在投资前对创业者的背景调查没做好，吃了创业者人品的亏，又没处诉苦。

笔者见过很多艰苦朴素的创业者，他们薪水还没有之前打工时多，却拼劲十足，天天加班，恨不得睡在公司，思前想后创新思路，自我驱动马力全开，全方位发掘公司能够成长的路径。他们有责任，有担当，虽然每天都会有新的挫败感和打击，依然不屈不挠地把每一步都做好，把事业做大是他们的创业梦想。这类创业者心里并没有股权增值的强烈欲望，也没有坑人钱财的卑劣人品，只有脚踏实地、合理合法地开发产品、拓展渠道、养活团队的想法，他们深信“家有梧桐树，引得凤凰来”的硬道理。如果投资人有幸投到这类创业者，必然会有超出预期的回报。

业绩对赌条款有没有实质意义

VAM（Valuation Adjustment Mechanism）被翻译为“对赌协议”，一直沿用至今。笔者认为，直译为“估值调整机制”更能体现其本质含义。对赌协议一般是投资人与被投公司的实际控制人及一致行动人签署的，通常以目标公司未来的业绩与上市时间作为对赌的主要内容，相对应的对赌条款主要有估值调整条款、业绩补偿条款与股权回购条款。对股权投资不熟悉的个人投资者，在投资热情上头的情况下，很容易忽略掉这个条款的设定。

对赌协议在申报 IPO 之前是要解除的，中国证监会已明确将投资人与拟上市公司的对赌、股权对赌协议、业绩对赌协议、董事会一票否决权安排、企业清算优先受偿协议等五类对赌条款列为 IPO 审核禁区。原因在于，募资之后的企业是社会公众公司，而《公司法》规定同股同权，不允许任何机构或个人出现不同股同权的现象，这是对公司上市后股民权利的保护。

笔者认为，在投资人对创业者没有足够监督和控制权的情况下，对赌条款是个伪命题。假设企业发展迅速，能够完成协议中设定的对赌条款目标，不触发对赌条款，那么也就不存在惩罚问题。假设企业发展不顺利，资金使用没有规划，产品没有受到市场认可和欢迎，没能够留住核心技术团队，造成产品断档或者销售变现难的情况，再加上多数创业公司轻资产运营的特质，没有多少固定资产可以拿来变现，当对赌条款被触发时，其实很难真正实行惩罚措施。

曾经有一家互联网科技公司A，其主业是做海外购买产品的运营平台，通过海外产品的品牌优势和质量很快博取了大量用户的眼球，消费客单价领先于各类购物平台，积累了大量的活跃用户。此时，京东、天猫等巨头尚未开展海外购业务，另因平台类企业通常适用P/S估值法或者P/GMV（估值 / 平台交易量）估值法来融资，A公司迅速得到了知名美元基金的青睐，拿到了A、B、C三轮共计3亿美元的投资，签署了两年内申报海外IPO的对赌条款。但是管理层十分自信，没有给投资人董事席位，造成投资人无法及时对管理层的决策给出建议，投后管理方面出现了失误。A公司管理层出身互联网专业，经过短暂的市场

调研很快决定把这些资金投入物流、仓储等重资产中，由此占用了大量的流动资金。有了充足的自有资金，加上用户的资金沉淀在公司账户上，膨胀的自信心使得A公司在经营策略上发生了剧变，在招聘了锐意改革销售体系的销售副总裁后，偏离了当初设定的平台角色，也开始做自营板块。很快，公司与平台上的主要供应商产生了竞争冲突，加剧了主要供应商逃离平台、与竞争对手合作的情况。相对于A公司而言，竞争对手B公司致力平台物流速度和品牌知名度的打造，A公司的商品交易总额（Gross Merchandise Volume，GMV）迅速被竞争对手超过，A公司的后续融资也出现了问题，D轮融资失败。

此时，对赌条款发生效力，然而创始团队成员没有房屋等固定资产，写字楼和仓库都是租的，最后留给投资人一堆不值钱的公司股权、二手电脑、桌椅，还有一地鸡毛。

这不但是投后管理不到位的问题，还有前期团队配置不齐备的原因。投资人在投资前一定要谨慎，一旦钱离了手，又不能参与管理，就很难帮投资标的刹住车，即使有对赌协议，在实际控制人和一致行动人没有资产的情况下，损失也无法挽回。

宣扬战略性亏损的是不是烂公司

投资界怪象丛生，无怪乎江湖流传："判断风口基本靠媒体，项目获取基本靠抬价，风险控制基本靠对赌，投资勇气基本靠合投，投后管理基本靠放羊。"企业生存的前提是赚钱，然而过去10年，以暂时亏损换取市场份额的烧钱扩张模式却极为寻常。新业态、新模式一旦出现，很快会吸引诸多人模仿、突进，商业模式的创新和对过去生态的颠覆需要用资本来推动和验证，因此，烧钱扩张被美其名曰"战略性亏损"。其典型代表，是2021年6月30日在纽交所上市的网约车公司滴滴。

近些年，网约车业务发展如火如荼，入局者众，有整车厂，有产业集团，亦有市场化团队。资本的快速介入、市场格局的重新划分，使得现有的出租车市场越来越呈现多元化趋势，这主要体现为共享经济及新兴出行方式的接受度提高，个性化与便利性出行需求增加，网约车和出租车明确分层。各种网约车平台靠补贴来获客，成本极高，而其一旦拥有绝对市场份额，便拥有了定价权。正因如此，当年的“滴滴”“快的”之争以及“神州”“首汽”租车之争，依然在不同的领域上演，“烧钱”一族从 2010 年的“大战千团”，演变为如今的造车新势力，等等。

“烧钱”一族的特点大致有三：一是产品技术含量不高，很多只是对已存在的产品进行销售创新；二是模式的可复制性很强，谁做都行，对团队核心成员的专业性要求不高；三是布设销售网络速度要快，所处的市场容量足够大，点位辐射也足够多，唯有将体量做起来，才对资本有足够的吸引力。

然而，蓝图描绘得越宏伟，市场容量越大，等待投资人的是烧钱越狠，投入的资本就越容易成为整个新兴行业的沉没成本。因此，需要深入探究的是：战略性亏损的意义何在？烧的是投资人的钱，烧得值不值，当时不能判断。企业创始人赌的是通过大量投入验证商业模式，快速实现盈亏平衡。投资机构赌的是所看好的团队能够依靠资本加持，迅速崛起突围，成为新业态的领头羊，因此，即使烧钱导致战略性亏损，投资机构也会举双手支持。“炮灰”必然存在，说不准是谁而已。

B2C 的业态，本身就包含着培养个体用户消费习惯、通过实实在在的金钱来诱惑用户尝试的特点，砸钱获客是发展必经之路，共享充电宝、共享单车、共享雨伞等都是此类。只有先引导用户进来，创业公司才能获取数据，不断优化自身模式，进一步尝试融资，再改进再融资，有的公司融资甚至到了 D+10 轮。其本质就是，谁的钱我都要，只要你信我能赢，我就愿意“烧”你的钱，让你感觉我能赢。至于投资人最终是否会有回报，不得而知。

新经济的投资犹如一场豪赌。这从滴滴这么多年才有机会上市就能见到端倪，很多早中期的投资人早就按捺不住或者因为基金到期而卖掉了所持份额。出资方投资就是为了赚钱。作为帮助 LP 进行管理投资的投资机构来说，最理想的状态就是资金投入后，尽快按照高估值退出，收取管理费和附带权益（Carried Interest，CI），增强 GP 的市场影响力，再尽快组建募集下一只基金产品。所有的投资机构最不能忍受的是，在资金投入之后估值降低，且很长时间内都退不出来。

由此可见，对投入资本分红率（Distribution over Paid-In，DPI，即基金对投资者已分配的收益）的考核就变得更加切合实际。对于投资机构而言，只要企业在下一轮能融到资，且融资时的估值比自己投资时高，就代表这个项目投资成功，即使这种成功并不能代表投资机构最后能够赚钱且安全退出。

不过从整体看，对于号称“战略性亏损”的企业投资而言，投资风险和收益仍是成正比的，即公司是否“烂”跟战略性亏损策略不是正相关的。在种子期和 Pre-A、A 轮进入的投资机构，关注最多的是团队成员组成，以判断他们能否在所属细分行业闯荡出来。在成长期开始后、步入成熟期时，投资人更多关注的是商业模式得到实践验证后，管理成本和盈利周期的平衡点在何处，并以此判断估值是否合理，多少额度拿在手里才不是烫手山芋。所谓的投资安全边际高低，也是在各种敏感性分析后得出的推断。经过综合分析后，即使在尽职调查之际就得知被投公司要不断烧钱扩大市场份额，投资人想要放手一搏也会有一定底气，就看投资决策的时候，投资决策委员会的委员们有没有胆气投赞成票了。

第9章

手里只有知识，那就创造原始股

所谓“原始”，自然是未琢的璞玉、未开蒙的良驹，价值未能真正体现却又深藏不露，前途似锦。不少创业者家底不厚，有着做“富一代”的抱负，那就看怎么通过自身聪明才智和机遇抓时代红利，在资本的加持下实现自己的人生价值。现在越来越多的年轻人投入创业洪流，不畏艰难的精神让人很感动，朝气蓬勃的创业激情尤其能够给身边人以榜样范例。“爱拼才会赢”这句话就是献给创业者的赞歌，也是给他们生长的时代的赞歌。

选择对了致富路径，坚持下来就是胜利的开始

若选择创业，请先审视自身。第二章中提过的创业者特质，先看看自己具备与否，如果能具备 50%，又有心去改变、去培养，你也会成为优秀的创业者。其次就是选择方向。方向对了，想象无限；方向错了，停住便是进步。

三百六十行，行行出状元。寻找自己性格和知识最擅长的领域，“谋定而后动”，找到兴奋点，可以先模仿后创新，也可以开始就做行业的颠覆者。所谓“红海”，就是竞争激烈的行业，早就被少数企业抢占了多数市场份额；所谓“蓝海”，就是市场足够巨大而竞争对手不足、行业前列的保有者比较分散的行业，突围而出的机会巨大。

今日的“红海”也曾是昨日的“蓝海”，妄想在“红海”中再走前人走过的路来完成原始积累，基本上是南柯一梦。因此，首先把“蓝海”梳理清楚，看到同类从业者

的中位数水平如何，判断自身优势是知识理论、海外先进技术和经验，还是身份背景、资金支持。假设没有这些支撑，短时间能跑成头马的可能性微乎其微。

笔者考察过一家公司，其创始人曾是大公司的中层管理层，计算机理论和实操经验异常丰富。他们经过缜密的分析，决定深入下潜下游行业，着手打造卫星通信终端，包括手机和船舶的野外接收终端——两位创始人认为找到了具备较高技术门槛的研发方向。公司创立初期的研发基本耗尽了创始人在前公司的股权收益等资产，订单却遥遥无期。幸运的是，随着国家成功自主研发出通信卫星系统，公司也随之研发出新产品，并得到政府机构的认可。有地区遭遇了自然灾害，运营商的基站不足以在灾害期间保持通信网络的畅通，也使得卫星终端产品成为应急的必备产品。该公司的产品能够保障信息安全及应急联络的稳定，未来还能应用到野外、海洋等无基站信号覆盖的区域，市场空间巨大。

不过也存在着除了政府采购之外，普通民众用到的机会不多，应用场景比较小众，市场天花板较低的情况，总共也就是每年20亿元的细分行业体量，使得公司估值不能快速提升。换句话说，就是对大通信领域和商业卫星应用领域而言非常有用武之地，对于细分行业而言却并非投资机构的首选标的。不过即使如此，该公司也得到了以所在地政府投资平台为首的投资机构认可，致力打造所在地北交所卫星通信第一股。

随着近期商业航天的发展，尤其是在马斯克全力打造“星链”网络的大背景下，新一代卫星互联网建设的浪潮掀起，相关星座系统的建设投资超过数百亿美元，全球将打造出每年超千亿美元规模的市场。除了马斯克的SpaceX公司，国际上还有TeleSat、OneWeb、O3B以及波音等提供卫星通信相关服务的公司，亚马逊也推出了Kuiper全球卫星宽带服务计划。形势巨变之际，我国业已将卫星互联网和天地一体化网络纳入新基建范畴，计划在2025年前将发射约3100颗商业通信卫星，以打造我国的通信网络闭环。要实现这一目标，卫星通信的保密性和通畅性都是需要至臻完善的，卫星终端的市场容量也随之提高，这为该公司创造了历史性的机遇。笔者也相信资本自然会慧眼识珠，能够抓住行业爆发在即的机会。

由此可见，选准大赛道是第一要务，大方向选对了，

才有可能“稳坐钓鱼台”。其次才是在所选赛道的细分领域找到自己擅长的爆发点，研发出能出奇制胜的产品，在销售渠道发力让下游商家认可，流动资金又能跟得上下游给的账期要求，业绩自然会有稳定而可喜的增长。

选择在哪个地方创造原始股最有利

古人云，做事要讲究天时地利人和。创业也是如此，除了考虑创业时机和团队人选，选择在哪个行政区域创业也是需要经过深思熟虑的，更要事先亲自或者通过招商引资中介机构进行逐个比对。现如今，招商引资工作是各地政府非常重视的工作，只要能够为当地引入人才和企业，带动商机、物流、客流、财流，地方政策往往能按照顶格奖励加以推进。尤其是以资本带动产业进入，现在几乎是各地政府都在身体力行的事。

笔者曾经帮某高科技企业落地南方某省，对当地各地级市和省会城市的政策做了对比。为了展示直观的对比结果，列出表9–1，可以看出，表中各地都求贤、求企业若渴，在政策上多有倾斜。

北上广深等超级大城市机会多、资源多，反过来看人才也多，虽然北京中关村还有各大城市创业园区都有相关

表 9-1 不同市、区政策对比

所在地	场地、装修	资金扶持	税收奖励	市级人才政策	其他
A	开发区内的经营用房免租 5 年，飞地（指隶属于某一行政区管辖但不与本区毗连的土地）内的办公用房免租 3 年，装修补贴最高 100 万元	对新购研发生产设备给予 25% 的资金扶持，对购买模块、软件系统给予 50% 的资金扶持	高管个人所得税当地留存金额返还	入选该市“海内外英才计划”的人才，可获最高 80 万元的购房补贴，以及连续 3 年每月 3000 元的安居补助	政府提供一定数量的人才公寓，对中层以上骨干 5 年内免租金
B	对年度纳税 200 万元以上企业的自购或租用的经营用房给予补助，最高 200 万元	对国家高校技术企业、雏鹰计划企业、省级科技型中小企业，给予最高 60 万元资金扶持	年度纳税 100 万元以上，第一年区财政贡献奖励 70 万元，第二年奖励 60 万元，第三年奖励 50 万元	入选该市“精英人才引进计划”的人才，享受最高 60 万元安家补助、最高 100 万元高层次人才购房补贴	国家、省级、市级技术先进型企业和专利示范点企业最高可获 50 万元补助；国际、国内授权发明专利的，按件次给予补助，最高 20 万元；产业排名名列前茅的给予 50 万元奖励
C	给予企业连续 3 年 1000 平方米以内的经营用房房租补贴，标准为 1.5 元 / 平方米 / 天，实际房租单价低于补贴标准的，实报实补	项目经初审后与区所属平台（镇、街道）洽谈成功落地的，最高可获得 135 万元快速启动资金，以及最高不超过 600 万元的项目扶持资金、最高 1000 万元的银行贷款贴息	根据税收情况一事一议	入选该市“全球引才计划”的人才，享受最高额 80 万元安家补助、最高 120 万元高层次人才购房补贴	获得民营资本、风投机构投资 1000 万元（含）以上或项目运行情况经评定认为较为突出的，可推荐政府产业基金给予融资扶持
D	经营用房第一、二年房租全免，第三、四年房租减半（以 3000 平方米为限）	经评估认定，区科创基金最高给予 3000 万元的股权投资基金扶持	根据税收情况一事一议	入选该市“人才引进计划”的人才，享受最高 50 万元安家补助，配备不小于 90 平方米的人才公寓，免租 5 年	互联网创业类企业可获 3 年宽带补贴，每年不超过 200 万元
E	1000 平方米以内的经营用房免租 5 年	对创新项目产业配套资金扶持，最高 1000 万元	根据税收情况一事一议	入选“市精英计划”的人才，享受最高 100 万元购房补贴、最高 100 万元安家补贴	主营业务收入达到 100 万元以上的企业，给予销售额 3% 的奖励，累计最高奖励 1000 万元

扶持政策，但是比起经济富足又急需引进人才的南方城市而言，力度还是小了一些。事实表明，长江三角洲、珠江三角洲的城市更加务实，能够真正地把为企业服务放到首位，补贴一般都能据实到位，相对其他同级别城市更具有吸引力。

在家乡有人脉、有资源的创业者，假如所创企业的行业需要当地的地理、人脉资源，也可以驾轻就熟地背靠家乡创业，在启动时借助家庭的资源和朋友的资源，能较快地实现正现金流，度过创业危险期。不过在商言商，现在纯粹靠虚无缥缈的人脉关系是无法获得投资人信任的，因为这属于不确定因素，万一关系方出现风险，还有可能连累被投公司陷入万劫不复的境地。

创业者变成企业家，拿到投资也别飘

有朝一日，勇敢的创业者变成了企业家，可不能只会低头看路，也要抬头看天。

曾经有一段时间，市面上充斥着遍地找项目的天使投资人，创业者只要有想法有思路，能做出 PPT 展示，不管什么身份和背景，都能有幸拿到百万元甚至千万元的天使投资。天使投资推动了很多有创业想法的青年人积极投身创业浪潮，可随之而来的往往是各种创业失败。

极少数的成功创业者开始明白资本在创业初期的重要性——梦想如果没有资本加持，那就永远是梦和想，照不进现实，也带不来成功和财富。于是，这批创业者资本意识成熟起来，开始分步走，按照公司成熟的阶段定位估值和融资额度，照此来测算自身和团队的“身家”，这也给了资本获得超额回报的机会。创业者和资本的伴生，是“鸡生蛋、蛋生鸡”的关系。

资本投入和创业成功都是有概率的，而且是低概率，能够得到资本尤其是知名资本青睐的创业者更是少之又少。创业者要集中精力把时间和注意力放到主营业务上，想清楚自己创业的商业逻辑和模式才是立身之本。俗话说得好，“家有梧桐树，自有凤凰来”，这话没毛病。

公司创始团队对企业的定位决定了企业的未来。聪明人很多，商业模式的独创性并不稀缺，资本作为助推器，能让企业走得更快更稳健，超越竞争对手，成为市场领头羊。创业团队只有明白这点，在后期才会持续有资本介入接盘、赋能，才会有大量的资源聚拢过来。

可觉醒未必是好事，因为不得不面临所谓“身家”的诱惑。

笔者的一个朋友，持有公司 95% 的股权，并不排斥资本的进入，经过几轮融资，最终个人持股比例降低到 60%，公司估值也飙升到了 15 亿元。利益当前，财务总监、市场总监、技术总监等核心成员开始对之前约定的 5% 的激励感到不满足，便请求大股东做 10% 甚至更多的股权激励。朋友算了算，要让出 1.5 亿元的“身家”，觉得特别“肉疼”，于是公司内部开始了拉锯战。

最终的结果是一拍两散，核心团队成员和骨干员工纷纷离职，公司的内控和业务变成一团乱麻，很快走上破产清算之路，所谓的10亿身家也只是黄粱一梦而已。

创业是件苦活儿、累活儿，一定要踏实钻研。想要做起来，还要有颠覆性技术的加持，单纯靠一个拍脑袋的思路或者商业模式比较难。也别妄想耍小聪明，理论都要在实践中得到检验的，只有不断试错，能够承受得起沉没成本，扛得住创业时物质和心理带来的双重压力，才有希望获得成功。

金融要服务于实体经济，实体经济要做金融长袖善舞的平台。如果没有实体经济，金融便如无根之木、无源之水；如果没有金融工具加持，实体经济的发展也会滞后。之前盛行全民财务顾问（Financial Advisor，FA），各色人等都想为创业企业做投融资管理，以此获取利益。他们把周旋于投资人之间当作一种“日常行为”，消耗了创业者大量本应用到实业经营上的精力和时间。在融资行为属于“低频”活动的前提下，创业者很容易被这份以应付投资人为主的“执着”拖垮。其时，创业者更应该安排在融资方面的专业人士来应对资本的各种限制和要求，而自己专心于主营业务，以企业的安身立命之本为重。

创业者不能把资本作为全部，不能把虚拟的身家作为全部，少搞内耗，更不能忘记初心，而是要居安思危，切实地聚焦主业，左顾右盼看看竞争对手们不曾停歇的脚步，逐渐就能领悟到“路漫漫其修远兮，吾将上下而求索”的创业真谛。

相比未上市的非公众公司而言，A股的上市公众公司有很多都是因为实际控制人自己“作”而走向被ST（Special Treatment，意为“特别处理”）的命运的。民营企业的大股东总是习惯性地把上市公司当作自己的家庭财产，想一出是一出，在主营业务之外，认为自己是投资天才的人也比比皆是。明明是农产品领域的龙头，非要在发动机等高端制造业发力投资；明明是做医药出身的，总感觉葡萄酒能强身健体，就去投资酒庄。为这一系列“迷之操作”买单的并不是他本人，而是上市公司，上市公司要投资的资金从上市公司掏，实际控制人自己要投资的资金也从上市公司掏，最终把上市公司掏得兜儿比脸还干净。

在上市公司对外投资并购中，虚报注册资本、挪用资金、向目标公司的高管行贿等行为也经常发生。在创业公司中，因为大股东在挪用资金时不需要进行信息披露，也没有监管部门给出指导性意见，所以更多只能靠创业者的自律来保障资金的安全。

不要浪费一场危机

企业都是由小做到大的，中小企业的成长故事往往表明，机会总是留给有准备的人。在中美贸易战和新冠肺炎疫情的双重压力下，经济形势面临严峻考验，对国内的中小企业而言，这一场堪称无妄之灾的危机是切肤之痛。在流动性趋紧、审核趋严的情况下，会有一批中小规模企业艰难求存，但其中不乏具有一定竞争壁垒和创新商业模式的企业值得关注。危机和契机从来都是一体两面，无论是个人还是企业，都可以抓住危机查缺补漏，抓住契机一飞冲天。准备得充分、启动得及时、应对得稳健，危机可能成为人生和企业发展的转机。中小企业要想主动化危机为契机，就需要把“抓”字诀发挥到极致。处于食物链低端的中小企业，需要抓住所有能够抓住的机会。

第一，抓住能够陪着“渡劫”的资金，无论长期还是短期，皆应全盘接受。融资方式主要有股权融资和债权融资两种。股权融资无非是释放部分股权，拿到不要利息的资金。债权融资可通过银行贷款、金融租赁、保理、企业债等方式拿到资金，在约定期限内要连本带息还给债权人。没有企业是不缺钱的，在缺钱的时候才想起借钱，这是常规的思维方式，可是在危机来临前即使不缺钱也应让账上资金充裕，哪怕承担一些财务成本换来企业生存下去的可能也是值得的。俗话说“现金为王”，在市场遇到不可预测的危机时，最能体现出现金的价值。

除了融资，还应尽快把应收账款收回。中小企业发展的潜力在于市场空间带来的以销定产，而能满足迅速扩张的原动力就是资金。大环境的整体不景气，政策导向设定金融机构让利给实体经济已成定局，无论是股权还是债权，都在朝着有利于实体企业的方向走。银行作为债类资金的主力军，在新冠肺炎疫情期间向实体企业发起了很多以“纾困”为名的贷款项目，比如上海浦发银行给西贝莜面等餐饮类企业的信用贷款项目，即时且大额。这种可遇不可求的金融产品，在特定时期确实解了大批中小企业支付房租、人工费用的燃眉之急。

第二，抓住主动送上门的订单。“问渠那得清如许？为有源头活水来。”从全球看来，我国控制新冠肺炎疫情的情况相对乐观，一些国家的生产企业受疫情影响而停摆，订单涌入中国工厂。一些在2020年前半年受疫情影响较大的中小企业在这路“活水”的冲击下，迅速焕发生机，一改萎靡之势。不只传统的3C产品的加工订单，随着我国半导体、新能源汽车等行业的逐渐崛起，一些中低端的相关产品订单也开始向国内倾斜。尤其是在此之前转至印度等东南亚国家的服装等行业的订单，因当地疫情无法继续生产，也转向我国，这不但大大增加了企业的现金流，还能带来大量外汇。

第三，抓住原来抓不住的人才。由于新冠肺炎疫情，中国与各国之间的人员流动情况也受到影响，有不少留学生和原本打算出国工作的人留在了国内，这就让中小企业在选人用人上有了更多的选择。

第四，抓住靠得住的“靠山”。中小企业想要发展，少不了要借助大企业的力量，大企业仿佛危机中的“挪亚方舟”，在体量、资源调动方面远胜于中小企业。不过，中小企业“船小好调头”的灵活性也是大企业无法比拟的。因此，主动向大企业靠拢，凭自身价值找到“靠山”，挖掘“靠山”能够给予的各种资源，不断充实自己的力量，并发挥对巨头的补充作用，也是中小企业的生存之道。对中小企业而言，从一些大企业手中拿到些许分包工作，也等于拿到了“续命保命”的“免死金牌”。

英国前首相丘吉尔说过：“永远不要浪费一场好危机。”

危机即转机，当危机引发潮退时，中小企业到底谁在“裸泳”，大家都看得清清楚楚。不努力找出路，就不会有出路。企业发展得慢，在能够拿到钱的时候错失良机，没有攒下充足的资金，在危机来临时就会死得快如闪电。

第 10 章

要想原始股能增值，选个 CVC 当股东吧

创业企业要茁壮成长，除了团队成员之间的认同感和互补性之外，商业模式的创新、技术的研发应用、社会资本的积极参与等，都是不可或缺的要素。而在引入社会资本时，选择有利于企业发展的战略投资者，十分重要。

CVC 给的钱是不一样的钱

一级市场战略投资者的界定，可以参照 2020 年 3 月 20 日中国证监会《发行监管问答——关于上市公司非公开发行股票引入战略投资者有关事项的监管要求》中的表述，即战略投资者应当符合以下两类情形之一：第一，能够带来国际国内领先的核心技术资源，显著增强公司核心竞争力和创新能力，带动公司产业技术升级，显著提升公司盈利能力；第二，能够带来国际国内领先的市场、渠道、品牌等战略性资源，大幅促进公司拓展市场，推动公司销售业绩大幅提升。

参照这一定义，并基于已经成长起来的“独角兽”、产业龙头的经验来看，近年风起云涌的企业风险投资（Corporate Venture Capital，CVC），堪称引入战略投资者时一个不错的选择。

如今，不少互联网巨头都有属于自己的投资部门和产业基金，不乏深耕行业多年的金融和专业复合型人才，他们善于利用手里的资金把版图扩展到上下游产业链，将自身打造成产业集群巨无霸。

相比其他资本，身为企业战略投资部门或全资子公司的CVC，对企业投资的判断往往会更精准，代入感与针对性会更强，且其更倾向于选择与主业所处的细分行业具有足够强协同的企业，完成资本介入。

CVC的兴起，主要原因是很多巨头不缺资金。巨头们随时可以在二级市场上发起融资，还有众多银行为它们提供授信额度，甚至利率能较基准利率下调，更能获得当地政府的减免税、各种补贴等产业政策的大力支持。在投资后的并购退出时，许多银行还能主动帮助公司把并购贷款设计成长期项目贷款，以降低融资成本。

不过，CVC为企业带来的，不仅仅是资金。

企业需要把所有研发投入、产品设计投入和生产成本变成销售额与利润，同时保持经营性现金流充沛。然而，大多数企业的人员增长、市场扩张、销售额增加、利润上升，相互之间通常存在配合上的延时。

比如，现在各种茶饮线下店异常火爆，这类网红快消饮品企业也是资本市场上“最靓的仔”。茶饮店开设的渠道成本和管理成本都是同步攀升的，虽然其营业收入也会节节攀升，但开一家店铺就要承担半年以上回本的时间和财务成本。如果想在一年内同时开设 100 家以上门店，对资金量和管理能力都是很大的考验。考验失败就是破产，投资人投进来的钱都要打水漂。

在这种情况下，如果只靠自有资金完成上述战略匹配，效率和效益方面都不能达到最佳状态。虽然财务投资人也清楚这个道理，但产业投资人更能感同身受。如果产业投资人能在业务上给创业企业的战略落地创造价值，那么，其在估值及投资额度上都将比财务投资人有更大的谈判空间。当然，对于投资的时机拿捏也需要掌握分寸，这关乎谈判时双方讨价还价的筹码。

某动力电池巨头在选择正极材料时十分苛刻，且非常看重对安全性和成本的评估分。其下属投资机构发现一家新兴厂商通过调整镍、钴、锰的配比，降低了成本还提升了性能，便第一时间将产品拿回企业进行测试。与研发、销售部门同宗同源的投资部门，在实际控制人的全力支持下，很快断定这一材料可以在自家的产品上使用。此后只用了 3 天时间，双方就把投资估值和份额谈拢了，并现场出了合同，不到一周，相关的订单及投资款都到位了。通过合作协议，包下了被投厂商的现有产能，投资款则帮助该厂商快速再布局十几条生产线。

巨头参股的消息一经传出，大批投资机构蜂拥而至。此时，如果这家投资机构想再做一轮加磅，估值会比CVC参股时抬高50%。

对于CVC背后的产业巨头而言，这份合作协议不仅为自己捆绑了稳定的供应商，短期还能获得很好的投资账面浮盈。通过产业赋能和压低估值，这次投资能获得更高的安全边际，且投资团队的退出成绩单也会更加亮眼，在真正意义上回归了金融服务实体经济的本质。

双向赋能才能变成双赢

接受 CVC 的资金，对投融资双方是共赢。

对被投公司而言，CVC 的资金不仅有利于其做大做强自身的主营业务，还能助其充分利用行业优势，提升研发能力，拓展销售渠道，增厚收入和利润。对非上市公司而言，在产业龙头的引领带动下，还有望进一步适应上市公司标准化运营的规则，少跳坑多攀登，绕开弯路走直路。投资方与被投公司达成战略上的深度协同，结为战略伙伴关系，能实现多方资源和技术的深度互动，深耕存量，做大增量，共同打造产业生态，实现产业链价值最大化。

创业公司如果从成立伊始就能够获得产业领军者的管理能力、公司治理、技术人才、供应链及市场研究等帮助，甚至能借力后者耗费巨资组建的销售网络售出产品，那就有望让前期的投入迅速变现，从“输血”变成“造血”，逐渐自成一格，甚至估值反超也未可知。

对于进行投资的产业投资方而言，此举第一可以利用自身冗余资源，对被投公司进行产业赋能，实现价值最大化；第二，可以帮助被投公司提升管理水平，完善治理结构，构建符合上市公司标准的财务和法律框架，并在资本市场上斩获较好的长期收益；第三，也是最重要的，当其所在的产业集团存在转型升级或需要孵化新的盈利增长点等诉求时，用资本的杠杆在体外将新板块从无到有、从小到大地培养起来，可以丰富已有的产品体系，让自身主业构筑的生态更加枝繁叶茂，为母体培育出更多的触角，使自身对相关细分行业的影响力更上一个台阶。这既不会影响自身公开的报表利润，还能够让二级市场对股价产生想象空间。因此，有的机构在投资时都是“算大账不算小账”，没有设置退出期限。

企业做 CVC，原则上都投资与自己的生态相关联的公司，而非同业竞争者。2021 年，主攻 VR 一体机的创业公司 Pico 被字节跳动并购，就体现了网络软件平台对硬件的渴望。脸书在 2014 年收购 Oculus 也是相同的逻辑，希望能打造 VR、AR 的产业链，为自身的业绩作出贡献，提振股价。

对于字节跳动、美团、腾讯等巨头，流量是它们付出的最大成本，而这远比纯资本带来的资金更让被投公司兴奋。当然，CVC 的投资方也可以凭借流量等资源低价入股被投公司，但有可能在投资后才发现，这些资源与创业公司的业务基因并不匹配，导流效果并不好。因此，CVC的尽职调查往往基于与投资方业务的协同性展开，与财务性投资只注重退出套现有很大区别。

CVC的投资方与创业公司之间的赋能是双向的，初始时一般是投资方为创业公司背书，如果创业公司有自己的忠实用户，也会帮助投资方所属的产业集团触达更多人群，变相降低其获客成本、宣传成本。

还有一种产业投资方，与PE联合组成“双GP”模式，同样适用上述逻辑。在这类投资中，决策往往由金融机构主导，产业投资方提供技术顾问支持。PE利用自身的金融专业能力对企业的财务指标等作出判断，产业集团则对企业的地位与成长空间进行判断。

该类投资项目后续除了以独立IPO等形式退出，也能够以被上市公司等产业集团并购的形式退出。因此，产业投资方投资的目的，不仅是为PE的投资带来加持，更进一步是为自己未来的并购扩张埋下伏笔，为市值管理提供足够巨大的储备项目库。在这种情形下，金融机构要的是资金赚钱，产业投资方要的是被投项目的优先并购权，而未必在乎那部分管理费。

CVC如果以自身并购创业公司的方式实现退出，往往会采用现金+产业集团股票的形式，在创业公司长期看好产业集团的情况下，创业公司的员工会因为持有股票而对产业集团的归属感更强，也能更安心地完成对赌期内的任职，甚至超期服务。毕竟人才难求，好公司不仅仅是靠钱堆出来的，更是靠团队干出来的。

值得一提的是，此前市场上不乏失败的“PE + 上市公司”投资案例，其最大硬伤在于投资初衷是通过把被投标的注入上市公司，从而抬高后者的股价。因此，投资过程中存在估值操纵、利益输送等风险，为暴雷埋下了伏笔。而在规范的投资中，如果创业者与产业投资方在退出方式上没有分歧，那么双方就可能实现互利共赢。

无处不在的博弈“细思极恐”

尽管产业投资的优势显著，但在不少创业公司看来，选择产业投资人比选择财务投资人更艰难。这是因为，对财务投资人的甄选相对简单，不用考虑业务协同层面，主要在于创始人看重的关键因素——如果是看中国内某个省市的市场拓展，或是为了获得土地等生产资料，完全可以定向选择某省或市区的产业基金；如果是为了得到所谓更好的信用背书，上市时争取在监管机构面前体现加分项，往往可以选择国家级大基金或较知名的国有基金；如果是为了加深与某些项目在品牌、销售等方面的合作，可以选择给予该产业密集投资的机构。

很多时候，创业者看中 CVC 的资金和背后的产业资源，但也怕 CVC 的投资方看上自己的实控权。不少创业者很难接受做“老二”，如果在亲力亲为的一把手职位上没有遇到瓶颈，又能看到前途一片光明，就会希望得到不受干扰的掌控力，这是人性使然。

与此同时，把公司卖给“高富帅”，从此实现财务自由，也是不少创始人梦寐以求的结果，只不过有些人心理上会有所不甘。哲学家萨特在其“注视理论”中讲到，人在他人的注视下会下意识地回避对方的目光，甚至感到痛苦和不安。这是因为当别人打量你的时候，他下意识把你变成了他观察的客体，他要实现自己的主体性，却以否定你的主体性为代价。同理，当创业公司被并购时，创始人或许也会感到不舒服。

还有一些 CVC 的投资方和创业者之间存在这样一种博弈。每家产业投资人的打法各有不同，有的纯粹为了孵化“小弟”，有的则为了让自己更大更强。在后一种情况中，一些产业集团会借助并购基金、合作机构、投资部等多个触角，对看中的标的公司进行尽职调查，全方位打探标的公司的技术和商业模式。鉴于其影响力，标的公司往往也会把最真实的一面呈现出来。在多次尽职调查摸底之后，这些集团通常要么开出一个比较低的价码，按照价码让其关联机构投资，要么让自家的投资部进行一次性并购或逐步并购，要么揣摩学习标的公司的商业模式及运作能力。对于既不让投资又无法并购且自己兴趣很大的标的公司则会“挖墙脚”，对其核心人员许以高薪和上市公司期权。这些手法往往让标的公司又爱又怕——既期待得到 CVC 的青睐，又怕因此再也逃不出它的掌心。

因此，也有很多不站队的企业，坚决不“抱大腿”，就想要一些没有附加条件的钱，哪怕这些条件对自己有利，也绝不愿掺杂任何产业投资方的企业文化和产业要求，保持自身的独立。这种团队的依赖性不强，自力更生的心气儿高，在度过最艰难的创业期后，更容易成长为独立的产业龙头。当然，其底气也源于团队对自己能力的认知，以及对自己产品的绝对自信。倘若业务在垂直细分领域自有特色，这类公司同样有望获得一席之地。

每个人或者机构发声都是出于自己的利益诉求考虑，所以，在考虑投资时，要尽量发挥各方优势，在多赢的局面下促使利益最大化。做成一件事情，一定要所有人都获利，在面临困难的时候，才会有更多的人帮你。

选 CVC 做领投方还是做跟投方

自从上市公司产业构成出现巨变以来，像宁德时代（300750）这样代表未来科技发展的公司突破了万亿元市值，突破几百亿元乃至千亿元市值的科技公司也次第跟上，这为活跃的一级市场又注入了新的“强心剂”。是否选择 CVC 作为股权融资阶段的领投方，其实在前文已经初步论述了利弊，在此单纯对CVC之后一轮融资的影响举例论证一番。

G 新能源科技产业集团的 G 基金公司，依托产业集团对 J 企业进行了详细的技术论证，并据此判断这家新材料生产企业作为未来产业集团潜在的供应商，可能会面临爆发期，便想要以 1.2 倍于净资产的价格对其进行增资。作为财务投资人的 H 机构，其基金创始合伙人是科班出身，从国外实验室阶段起，便开始跟踪观察 J 企业的创始人。出于信任和互相欣赏，J 企业创

始人将融资交给了H机构负责。H机构从天使轮开始投J企业，然后领投了A轮。在G基金公司准备在B轮领投进入时，H机构合伙人和J企业创始人出现了分歧。

二人共同认可的是让G基金公司领投进入，分歧点在于是否让出30%的持股比例给G基金公司。H机构合伙人认为这轮融资最多释放15%的股权，让出10%的股份给G基金公司是合理的，最多再释放5%的股份给跟投机构。新材料绑定一家大客户的管理基金公司能够保证未来数年的订单，是好事，但是从长期来看，J企业应该是为全球的新能源科技公司供货的，而不只是瞄准眼前的订单和利益。J企业创始人则认为绑定产业集团能够获得大批资金投入，至少可以让企业当前的现金流充裕起来。自己的创始团队即使只有50%多的占股比例，依然有足够的话语权，可以自由选择要供货的客户。

H机构合伙人的顾虑不无道理，在竞争接近白热化的新能源科技市场，不能保证要入股的G产业集团能长期维持优势地位，而出让了第二大股东的位置，就等于选择了站队G产业集团。在J企业的技术没有足够领先于其他竞争对手的情况下，在J企业产能不能跟上整个企业发展的情况下，其实就等于让G产业集团包了生产线，而放弃了为其他厂商供货的机会。

而在上市审核时，单一下游厂商权重过大，也会是被监管机构关注的重点，因为如果未来该大客户的订单状况发生变化，可能会给拟上市公司带来业绩大幅下滑的影响，从而影响二级市场的小投资者的利益。

产业集团领投其实是有利于企业成长的，不过最好是有多家产业集团联合投资，或者已经在下一轮融资中锁定未来的产业战略股东，由 CVC 投资方来协调上下游各大供应商，绑定长期订单，分散风险和收益，这样才能让监管机构把心放到肚子里。上游和下游的考虑永远是错位的。下游企业寻求上游的 CVC 投资方是为了保证面向 C 端用户的产品能够不断供；上游企业寻求下游的 CVC 投资方是为了和能够为其买单的下游客户都套套近乎，让自己至少能进入备选名单，后面比的才是性能和价格，同等条件下只要下游客户选了自己才是胜利。

某车规级芯片生产企业，绑定客户的重要方式是把国内外多家主流车企拉到股东名录里，不但保证了自己进入各大车厂的采购白名单，还能在未来研发升级芯片时，师出有名地得到股东车厂们的配合。车厂们则肯定要有备选的芯片供应商，在对外投资车规级芯片赛道时，也有选择地投了备选供应商。

第11章

股权激励也是致富利器

假设你没有创业者的勇气，也可以加入跟随创业者的队伍，所以才有了针对这类朋友的工具，就是股权激励。激励自然就要求有业绩、有成果，否则就是赠与了。在大城市里，家族企业越来越少，即使曾经是家族企业，在规模变大时也会建立现代企业制度，用公司的管理机制来打造整个体系。假如不是亲人，很难因为感情留在公司，即使有感情，也需要有利益的绑定才能把人才留住，不给竞争对手机会。对于各岗位核心人员，人在公司在，人走公司散，创业者要明白这个道理。

并非只要是公司一分子就会收到公司的“份子钱”

诚然，创始人能够拿到1元钱一股的原始股，那么公司员工是否都有机会拿到股权激励？答案是否定的。公司像一艘轮船，有船长、大副、老轨（轮机长）、机工、炊事员等不同工种的员工。大海航行靠舵手，最紧要的是不翻船，又能顺利驶达港口。这也就意味着在公司里只有中层及以上管理人员、骨干员工才是公司应极力留下的核心人才，普通员工的流失不会让公司伤筋动骨。员工激励不是搞大锅饭，自然不可能让每名员工都享受到股权激励的福利。

中国证监会于2016年7月13日发布《上市公司股权激励管理办法》（证监会令第126号），2018年8月15日发布《关于修改〈上市公司股权激励管理办法〉的决定》（证监会令第148号），对上市公司的股权激励做了规范。而非上市公司的股权激励则一直没有出台可供参照的相关法律法规，公司对关键员工的股权激励，也都是通过董事会或者股东大会决议来完成的。对激励对象的确定则参照对上市公司的规定，“激励对象可以包括上市公司的董事、高级管理人员、核心技术人员或者核心业务人员，以及公司认为应当激励的对公司经营业绩和未来发展有直接影响的其他员工，但不应当包括独立董事和监事。外籍员工任职上市公司董事、高级管理人员、核心技术人员或者核心业务人员的，可以成为激励对象，非上市公司也可以对这些人员进行股权激励”。为了公司持续快速发展，留住核心管理层和技术骨干，只要股权激励对象合理，一般都会得到投资人的支持。

股权激励的工具包括权益结算工具和现金结算工具。其中，权益结算中的常用工具包括股票期权、限制性股票、业绩股票、员工持股计划等。这种激励方式的优点是激励对象可以获得真实股权，公司不需要支付大笔现金，也不需要支付税负，有时还能因此获得一定的现金流入；缺点是公司股本结构需要变动，原创始股东和投资人股东的持股份额可能会被稀释。非上市公司最常见的激励模式是限制性股票。

在确定了股权激励范围的对象和具体方式后，就要想想这些股份从何而来？又如何支付？

首先，可以通过公司原始股东，尤其是实际控制人即大股东选择出让其持有的公司股份。如果以实际股份对公司员工实施激励，一般由上述股东向股权激励对象出让股份。在协议签署时，又可根据股份支付对价的不同分为两种情形：第一种是股份赠与，由股东向股权激励对象无偿转让一部分公司股份，赠与行为需要考虑激励对象个人是否缴纳所得税的问题；第二种是股份出让，出让的价格一般根据企业注册资本或企业净资产的账面价值确定，这样可以避免产生税负。不过在实际操作中，当地的市场监督管理部门都会质疑转让的真实性，确认交易双方的真实意思，避免人为偷税漏税现象发生。

其次，可以通过公司增资的方式而来。公司授予股权激励对象以相对优惠的价格参与公司增资的权利。非上市公司可以参照上市公司的股权激励管理办法，与会计师商讨出一定的公司估值，由激励对象按照一定的折扣购买公司股份。

在操作上述两种方式之前，公司应该约定其他股东在股东会对股权激励方案进行表决时，对同股权激励有关的股权转让与增资事项放弃优先购买权。在股权转让或增资过程中要处理好原始股东的优先认购权问题，否则可能有原始股东故意捣乱，通过增资增加持股比例，也容易造成公司股权混乱、管理动荡的现象。

所以，对于员工而言，即使错过了成为创业合伙人、拿到原始股的机会，也要努力成为公司核心骨干，这样同样能拿到股权激励，获得未来生活的“致富之源”。

如何才能进上市公司拿到股权激励

国内A股上市公司有4000余家，撇开员工激励可能性较低的国有上市公司，再排除业绩前景较差的公司，剩下的上市公司依然能够覆盖各行各业。按照这个逻辑，各行业的翘楚如果想拿到股权激励，就要争取入职上市公司，若能一朝成功，还是有机会通过限售期一年半左右的上市公司股票得到一定利益的。

从适用的法规来看，限制性股票和股权期权适用的是《上市公司股权激励管理办法》（以下简称《办法》），而员工持股计划适用的则是《关于上市公司实施员工持股计划试点的指导意见》（证监会公告〔2014〕33号）。在行权时，限制性股票授予价格不得低于股票票面金额，且原则上不得低于下列价格较高者：（1）股权激励计划草案公布前1个交易日的公司股票交易均价的50%；（2）股权激励计划草案公布前20个交易日、60个交易日或者120个交易日的公司股票交易均价之一的50%。股票期权行权价格不得低于股票票面金额，且原则上不得低于下列价格较高者：（1）股权激励计划草案公布前1个交易日的公司股票交易均价；（2）股权激励计划草案公布前20个交易日、60个交易日或者120个交易日的公司股票均价之一。

既然有中国证监会的相关政策窗口指导，如何进入上市公司并得到股权激励，就不言自明了，简单说就是要看自己能为上市公司作出怎样的贡献了。不妨根据《办法》中对激励对象的规定以及自己的能力来定位。首先排除独立董事和监事，这两个职位并不包含在股权激励范围内。按照规定，激励对象为董事、高级管理人员的，上市公司应当设立绩效考核指标作为激励对象行使权益的条件。绩效考核指标的松紧要看上市公司实际控制人和董事会、股东大会的要求，而且，董事和高管一般都是跟随实际控制人创业多年的老部下，后来者没有多年的信任基础，很难上位。

由此看来，最容易晋升上位的职位应该是《办法》中规定的“核心技术人员或者核心业务人员，以及公司认为应当激励的对公司经营业绩和未来发展有直接影响的其他员工”。对这类员工的要求也不低，需要在行业沉浸多年，有真才实学，已经在所在公司中做到了比较高的职位。

高端制造业上市公司D在同行业排名靠前，但是始终不能列席前三名，只因为位于前三的竞争对手深耕上下游多年，各种关系盘根错节，与上下游企业的高管之间还有很深的私人交情。同时，该行业不太可能出现颠覆性技术，各企业均维持在稳定而缓慢增长的状态。D公司实际控制人年纪大了，接班人在多年前就被派往国外深造，学的是上市公司核心专业和金融双学位，回国后又在基层岗位打磨多年。实际控制人便放手让接班人掌权。接班人深知行业的各种难易，也深知人才难得的真理，又对排名靠后感到不甘，便想到了自家作为上市公司的优势，那就是家族控制的股权高于60%，有足够大的空间对高管进行股权激励。

说干就干，接班人便授意律师拟下一份股权激励办法。之后，在职业经理人带来的一系列骨干的运营下，公司业绩上升了两倍有余，股价也涨了不止两三倍，算算总账，家族的身价不降反升，整整翻了一番。正可谓“激励得人心”。

股权激励也可能会血本无归

股权激励也有多种陷阱，防不胜防。

陷阱之一：老板开具空头支票。自己为一个并不能兑现的口头承诺耗费了奋斗的热情，却一无所获。遇到这样的情况应赶紧换东家，别再忍气吞声，耗费青春。

陷阱之二：用不切实际的考核指标与股权激励挂钩。实际控制人在了解市场后制定了不可能完成的任务，并以之为条件与员工签署附条件的股权激励协议，表面上是达成了书面约定，实际上这个坑不小，等于在蒙眼驴子面前挂根胡萝卜，使驴子闻味拉磨却永远吃不到胡萝卜。这类操作在民营地产公司比较常见，员工的绩效考核永远不会得到满分，因为考核指标源于最好的年景得到过的最好成绩。

陷阱之三：让你掏了钱，上市变现却遥遥无期。实际控制人画的大饼里，面、芝麻都还没着落，蛊惑人心地夸大公司发展前景，忙来忙去见投资人，把本来传统的贸易公司描绘成“有故事”的高科技公司。员工出于对老板的信任，自己掏腰包购买或者增资公司股权，从钱出口袋的那一刻起，便难逃被套牢的命运。年年说准备上市，次次说很快拿到投资，最后不了了之成为常态化。由于老板当时饼画得实在是又圆又大，员工的股权激励回购条款并没有严格规定，员工也就只能成为没有任何话语权的小股东，被公司深度绑架，不敢离开公司。

某科技企业在A轮融资后，因为前期没有知名机构介入，估值一直在同行业中处于较低水平，所以没能在该轮融资中拿到助力企业充分发展的资金，实际控制人对下一轮融资的日期也存在不确定性。在翻阅员工档案时，老板发现有几名员工家庭比较富裕，便打起了他们的主意。在内部运作造势，暗示这几名员工会有股权激励，机会难得且价格便宜，如果认购数额较大，可以升任公司的核心岗位甚至中层管理者，未来上市后还有可能升任上市公司高管。

说者有心，听者有意。几名员工回家后拿到父母的资金支持。公司顺利完成了股权激励形式的增资。实际控制人和新晋股东都非常满意，结局也比较圆满，公司在这笔资金助力下，又顺利拿下了新订单，也因此拿下了B轮融资，股权得到了增值。不过在创业公司中，很多被套路“套”过的员工并没有这么幸运。在公司遇到风雨飘摇的光景，家里的积蓄在公司价值被清零的时候同样血本无归。

股权激励变现不需要等到天荒地老

股权激励的变现方式并不多，一是通过公司上市，在股票市场上变现；二是在一级市场中，由其余看好公司的投资人购买老股，老股通常会在最近一轮融资时进行打折销售。

某远程科技软件公司拟去海外上市，其过往的投资人一共投了数千万美元。在几位创始人的研发升级下，该公司的一款科技软件基本做到了在传输视频和画面等数据时延时极低。由于新冠肺炎疫情带来的影响，不少已经回国的留学生没法返校，为了保持上课过程流畅，又出于商业销售的考虑，该公司推出这款软件，还绑定了一家电信运营商，设计海外课业套餐，将消耗流量的价格控制在学生可接受的范围之内，以年度储值、季度储值、月度储值的方式，得到了正现

金流，由于都是个人充值付款，便没有应收账款不到位的问题。

也正因为如此好的现金流，投资人挤破头想要投进来，甚至想收购企业关键人（拥有实际控制权或者对企业经营有重大影响的创始人及核心骨干）手里的老股。在一般情况下，投资人会限制企业创始人出售老股的法律条款限制。这一轮的投资人发动各种关系，帮助企业关键人甚至有员工激励期权的员工拿到了补充协议，约定他们可以转让小部分老股。在这种情况下，有些股权激励在出让老股的渠道中变现了。

不过，前文也讲过，在上市公司层面拿到股权激励或者股权期权的人，就要按照《上市公司股权激励管理办法》中规定的解禁日期进行变现销售。股权激励的禁售期通常不低于 2 年，过了禁售期，就可以根据股权激励计划和业绩目标完成情况确定激励对象可解锁的股票数量。解锁期通常不低于 3 年，在解锁期内基本会按照匀速解锁、每年卖出的方式来变现。《上市公司股权激励管理办法》中规定，限制性股票和股票期权授予日与首次解除限售日之间的间隔不得少于 12 个月。在限制性股票有效期内，上市公司应当规定分期解除限售，每期时限不得少于 12 个月，各期解除限售的比例不得超过激励对象获授限制性股票总额的 50%。

至于那些在上市之前就做完股权激励动作的公司，针对上市公司控股股东和持股5%以上的股东（以下统称“大股东”）、董事、监事、高管在上市后的减持频率和什么情况下不得减持，是有明确规定的，而且会有披露减持计划的义务。只要股价能够得到持有人的认可，在解禁后的任何时间点都是可以减持变现的，这也体现了A股流动性的实际性好处。假设在美股或者港股上市，如果基金总量盘子不够大，知名投行又没有大批的研究推荐文件出来造势的话，加上不满足深港通、沪港通的标准，就很难在二级市场上顺利变现了。

第12章

做天使投资需要有天使的命

天使投资人，仿佛是创业者们的“救世主”。神秘的咖位、休闲的装束、财务自由者独有的眼神，都是天使投资人的标配。见多识广、阅人无数，几乎是天使投资人的御用标签。开不完的会议，听不完的新名词，见怪不怪的新商业模式，天使投资人才是位于时代前沿的弄潮儿，“潮”甚至都是他们弄起来的。天使投资人必须“永葆青春”，只有正青春才能与青春的创业者为伍，才能有共同的语言来交流，消灭彼此之间的代沟和偏见。

天使的命，有时终须有，无时莫强求

只要手里有钱，天使是每个人都可以做的。成不了天使投资人，缺的可能不是钱，而是魄力。对于自己看好的年轻创业者、身边曾经的业务伙伴，只要他们的创业模式能够获得赏识，就舍得掏钱出来，赔了就当扔进水里听个响，这份魄力在天使投资、VC和PE阶段中是最值得称道的。某位著名天使投资人说过，我掏出1亿元投资100个项目，只要有1个项目能够上市，就能覆盖我的成本，其他的就当是跟年轻人学习过招了。

这几年，笔者经常跟几位知名天使投资人交流，他们坦言，做天使投资真的是接触新生代尤其是新生代精英的重要途径。不管是“无知者无畏”还是“初生牛犊不怕虎”，勇敢的创业者们见到新鲜的领域就会有诸多奇思妙想，并且敢于尝试，不管有钱没钱，先砍三斧头，把新产品、新模式砍出来。有时候，创业者的思路是试错试出来的，只要有欣赏自己的投资人，创造条件也要上新项目。钱重要，但又不是最重要的，团队的创新性和实干性都是带领新公司成长必备的条件。

天使投资人是真正拿得出长钱的人，等得起 5 ~ 10 年的时光。以风险收益成正比的定律来说，他们在听到少之又少的好消息之外，更多的是能够时刻承受被投公司破产清算的暴击。而投资成功的比例高，也不一定代表天使投资人判断项目的水平有多高。正所谓“时也，命也，运也”，时代是同一个时代，运气也是“三十年河东，三十年河西”，他们成功有时只是命好。

曾经有天使投资人说过，自己每天都要见 5 个以上创业者，都是年轻有冲劲的青年，听他们讲故事，看着他们在自己面前表现出最好的一面。给这样的创业者投资，对于早已实现财富自由的人来说，并不是多么困难的事。

投资本身投的就是概率，只不过天使阶段的成功概率小一些。换个角度来看，天使投资人基本就等于创始合伙人的角色，创业团队投入的是整个身心和青春，天使投资人投入的是他们的钱。对于天使投资的第一梯队而言，资源的对接从最初资金的进入就开始策划了，接盘方 VC 肯定也会在投资第一梯队，这都是绑定紧密的长期协同投资者，也必然是曾经合作投资的获利伙伴。在此类天使投资机构的操持下，创业者其实是省了很多心的，利大于弊，何乐而不为。

遇到从天上掉下来的天使，创业者会“赔/陪”吗

这里要讲的是一个悲伤的故事。天使投资人遇到了心仪的创业者，打开了自己的钱包。但创业过程中各种因素交织，有太多的不确定性，每个环节都有可能因为行动迟疑或者选择错误而压垮初创公司。创业者在梦碎之时也带走了天使投资人上百万的真金白银。

不管是多知名的投资人投的项目，都得遵循“优胜劣汰、适者生存”的自然规律。钱毕竟不是投资人自己印出来的，虽然投资人大多不缺钱，可也不能任由真金白银这么哗哗地随着经营不善流走。即使没有对赌协议，不需要也不可能让创业者“赔”，在千钧一发之际，天使投资人也希望已经濒临失败的创业者至少能够识大体，“陪”着走到下一轮融资。

天使投资人肯定不会是因为爱上自己投资的公司而出

资的。创业公司在天使投资人看来是商品，是“鸡蛋”，这颗鸡蛋是不是会孵化出“金鸡”，他也不清楚。

投资是门生意。在商言商，有的天使投资人只是因为不能眼睁睁地看着公司死在眼前，便忍不住在公司濒临破产之际将其接过来，利用自己的资源帮其续命，帮忙一起“忽悠”下一轮投资人进场，先找机会卖一部分老股，把本钱收回来，然后再一步步地实现利益最大化。有干劲且有大批 VC、PE“接盘侠”朋友的天使投资人，是有本事让公司起死回生的，这不是妙手回春，而是利益的交换。天使投资人算好总账，不亏甚至略有盈余即可，之后不管是在项目资源上还是在资金补贴上，再找机会补偿投资圈的朋友们。

某创业者，前几次创业并没有找到可圈可点的项目，热点是啥就赶紧跟风。但他有很好的口才和激情，能够“忽悠”住投资人，也正是这一优势，让他得到了某天使投资人的青睐，投资人无论如何都要掏出钱来支持他的第四次创业。理由是：既然有这么好的忽悠能力能够说服我掏钱，自然也能在下一轮融资时引得 VC 掏钱。事与愿违又在意料之中的是，这名并没有多少真才实学的创业者很快又栽了，即使有知名天使投资人加持，也因为故事的落地性不强而拿不到融

资。于是，天使投资人亲自带资下场，帮其组建了豪华团队，聘请了外部公共关系团队以“造神”为目的，合理美化创业者的履历，赋予创业者专业协会的各种副理事长、副秘书长头衔，安排其参与各种财经媒体组织的专题会议，借助其口才优势增加在国家级媒体上的曝光度，提升知名度。

这名创业者花了人家的钱，自然心甘情愿地“陪”着通四海达三江的天使投资人走下去。创业者肯定不会亏，有树立人设的机会，还不用花自己的钱，何乐而不为？这是商业领域的各取所需而已。在天使投资人的种种神操作下，在创业者凭借三寸不烂之舌的努力下，果然有新入投资领域的跨行业背景 VC 欣然掏出一大笔钱，帮助创业者渡过了难关，还顺手收了天使投资人一部分老股。皇天不负有心人，天使投资人手上这枚“烫手山芋”总算有人接手了。

连续创业失败者怎样做才能东山再起

对于一些创业者而言，其企业家的潜质和禀赋决定了他们很难甘居打工者的角色。许多互联网创业者公司被腾讯、阿里巴巴等大厂并购后，他们依然选择再次创业。创业本身是摸着石头过河，每件事情的处理都可能引发蝴蝶效应，不管怎么说，做事总是没错的，虽然一次次创业失败，但总结好经验教训再出发，就会离成功更近。只有经历过失败，才能“每临大事有静气”，在遇到困难时能迎难而上，不用费尽九牛二虎之力才能解决问题。

连续创业者的经验和人品是投资人特别看重的。连续创业失败不是败笔，败笔是人品出现了问题。创业者如果在创业过程中因为人品问题失去了投资人和团队的信任，就会在创业道路上不断碰壁，一蹶不振。

某互联网公司实际控制人K某在每次创业后都重

新组建团队，理由是原有团队成员的认知天花板低，无法再次合作。K某在新成立的这家互联网公司中的股份超过了90%，又凭借着团队成员S某的父辈资源在投资机构快速拿到了A轮融资。开心之余，K某转让给了S某自己持有的3%的股份，签署了股权份额转让协议。与此同时，K某对核心团队许诺在拿到B轮投资后同步完成15%～25%的股权激励，让团队都得到“致富的基因”。

稳定而扎实的团队让公司估值进一步提升，受到了投资者追捧。K某有些膨胀，认为投资者看中的是他本身的能力，团队纯属锦上添花，私下里对当时许诺的股权激励有了看法。经过多轮协调，团队成员都未能拿到K某曾经口头承诺的股份，核心骨干心灰意冷，带着公司的几个大客户直奔竞争对手的怀抱。投资人恨铁不成钢地教育K某应该明白“财聚人散，财散人聚”的道理，在企业只是一块小蛋糕的时候，即使占有100%的股权也仅仅是很小的一块利益，但是当估值提升，所有团队都能根据权责利对等原则拿到股权时，这块蛋糕总体变大了，即使占股比例很小，也比之前持有100%的小蛋糕要大。这件事很快随着团队的分崩离析在创投圈传开，K某再做公司，已经不会再有投资人去“捧臭脚”了。在笔者看来，这种行为无关格局大小，是跟人品息息相关的，不懂得分享的创始人不容易把企业做大，言而无信者更是会自绝于天下。

还有一位创业者，本性忠厚，在创立新公司时，把赔偿给原来几位天使投资人的股权比例预留了出来，代持在自己名下。虽然连续创业失败，但他懂得团队团结的重要性，也明白在创业公司里薪资不是核心竞争力，而应把股权作为吸引人才的重要筹码。于是，在公司创立之初，他就把股权架构搞得明明白白，还设立了股权激励池，奖励范围涵盖融资、业务、团队建设等各个环节的核心员工，根据创始团队和骨干员工在公司节点创造的价值，按照一定标准奖励给员工股份。在股权分配方面，这位创业者要做的就是制定标准和一碗水端平了。

自此以后，加班加点成了员工自愿的行为，因为有创始人的承诺和股份的切实落地，让为公司作贡献成了员工自己的主观能动性支配行为。原来投过公司的投资人继续在资金、资源上加持，除了创始人预留出来的股份外，多一点都不要。新的投资人在考察完公司后，折服于创始人的责任心和担当，也为整个企业的创业氛围所动容，毫不犹豫地把钱投入进来。

触景生情，笔者在此想到了文莱苏丹。文莱苏丹哈吉·

哈桑纳尔·博尔基亚在胡润全球富豪榜上占有一席之地，他生活豪奢，花钱无度，却仍然备受国民爱戴。最主要的原因是，他把国家资源带来的财富也分享给了国民，提供免费医疗、免费教育并资助留学费用，国民购房购车都有国家补贴……因此，文莱公民受教育的程度较高，生活水平也较高。“独乐乐，与人乐乐，孰乐乎？”曰：“不若与人。”

扒一扒在天使轮融资成功企业的商业计划书

天使投资看团队，团队融资靠 PPT。

PPT 做得好、演讲者讲得好，对拿到第一笔融资是极其重要的。某高科技机器人公司在把科研院所的前期投入作为无形资产出资后，想找到第一笔支持自己租赁办公地点和购买实验设备的资金，于是找了天使投资人做 PPT 路演。

第一，进行行业分析。描述机器人行业的国家政策扶持力度和市场突飞猛进的增长速度，说明市场对接受科技改变生活的理念的关键就是机器人的研发和使用。通过对宏观大环境的分析，说明市场容量巨大，未来不管是做细分领域还是做转型升级领域，都有极大的市场变现空间。

第二，说明自己瞄准的细分领域是消毒杀菌机器人。一是因为新冠病毒的传播途径之一是进口冷链食品，而这一块进口是国际贸易的重要组成部分，如果一刀切，不允许进口，会极大影响人民的日常生活，所以对冷链的消毒杀菌势在必行，自己要做的就是冷链消毒杀菌机器人的引领者和标准制定者。二是消毒杀菌机器人的生产目标可以达百万台级别，因为并非只有国内市场有需求，人工成本昂贵的海外也是重要的目标市场。如果在世界各国的渠道铺设成功的话，那么未来不管是做陪伴机器人还是服务机器人，都会有触达世界各地的渠道。

第三，讲自己的技术团队和销售团队。技术团队有院士作为顾问，几名具有中外教育背景的博士主导研发团队，某大型国际医疗集团的销售副总裁任CEO，做管理和市场推广。团队成员的配备在国内同类企业中已经是高级的配置，能够很快打开市场，实现销售收入，并能在市场推广后收集数据，尽快推出升级版本，完成产品系列的研发生产。团队的人员质量高低代表了未来成功概率的大小，也代表了拿到下一轮融资顺利与否。假设天使投资对团队有所质疑，那么在VC介入的时候，便会存在逻辑性的破绽。

第四，明确融资估值和融资金额。因为企业发展阶段处于早期，没有任何收入，只能通过需要的资金量和团队对自己的认知来倒推融资估值和融资金额。一般天使投资会释放20%的股份，融资金额由200万元至1亿元不等。经过大致的测算，金额的使用分配约为20%用于租赁办公地点，40% 用于购买设备、物料等研发所需，20% 用于团队工资福利支出，20% 用于流动资金。详细列出了设备型号、物料用量等，呈现了踏实做事情应该有的样子。

第五，讲未来融资规划和上市规划。初创的时候就谈上市规划似乎太早了，谈未来 5 年的收入预测和利润预测好像也属于纸上谈兵，不过投资人在投入资金的时候就需要考虑退出的时间。因此这也是团队融资成功而要测算的因素之一。在团队没有融资和造血能力的情况下，天使投资至少需要支撑 6 个月的时间，在此期间，后续的融资同步进行，不能在资金紧缺的情况下再考虑下一轮融资。

计划书和创始人背后的资源都是天使投资人关注的重点。创业者单靠一腔热情难以拿到创始资金，必须有个人、平台或者家庭等各种因素加持，才能让投资人的信心高涨，愿意做“第一个吃螃蟹的人”。

第 13 章

成为公司股东，会获得什么“副产品”

有的公司有这样的口号——“股东第一，客户第二，员工第三”，以此表达对股东们的敬意。窃以为，股东是值得尊重的，愿意把风险担下来；客户也值得尊重，没有客户，股东就要哭天抢地了；员工也值得尊重，没有员工干活儿，谁去拓展维护客户，谁能带来现金流和收入利润？所以大家并列第一名！不过相比较而言，股东因为“资合”，有充分理由获得更多的收获。

培养股东接班人的投资意识

投资可以作为终身的职业，在自己投资过的企业名单里，如果有像字节跳动、美团、阿里巴巴、京东这样知名的互联网公司，不但是自己一战成名的经典案例，也有希望让自己的后代到大厂里历练，获得“老战友”“老朋友”们的关照。

民营知名投资公司的合伙人还会面临子女是否接班的难题，假如子女对投资或者创业感兴趣，投资人也会有意安排他们到企业中做类似管理培训生的工作，深入了解企业各个部门的运营状态，理解相关制度制定时的场景，跟着创业核心人员学习其身上的优秀创业品质，以代入感极强的身份模拟企业的运营和决策。这些都是成功的创业者们最珍贵的财宝，可以让股东接班人们受用良久。

很多成功企业家的子女都在国外读书，专业多以金融、经济、法律为主，他们回国后不想接班去管理制造业工厂或者传统行业企业。企业家为此愁得头发都白了，在“师爷”们的支招下，找到了一种办法。现在投资机构募资困难，再厉害的投资机构也需要找“金主爸爸”支持，做大管理规模，整合企业和社会资源。企业家可以出钱给知名投资机构，让子女“带资入组”。

一方面，企业家当然不是为了给子女安排个职位，而是为了让他们在知名的机构感受工作节奏，与优秀的人同行，快速积累人生阅历，见证被投公司的起起伏伏。

另一方面，“鸡蛋不能放在一个篮子里”。虽然股权投资是长线投资，但有知名机构过往案例背书，还有其他出资方的信任背书，或许这是家族资产管理的神来之笔。除了这些，企业家还考虑到子女或许能在投资企业尽职调查的过程中，体会到当年父辈创业的不容易，顺带着增进一下父子或父女感情，减少代沟带来的不和睦。

投资机构也是企业，其与实体经济领域企业的差异是经营范围不同。在实体企业中，少壮派接班不容易为人诟病，毕竟做实业不容易成功，需要付出创始人十数年乃至一生的精力。然而在金融投资圈，让儿女过早接班，则不容易被人接受。

投资机构尤其是知名投资机构的董事总经理（Managing Director，MD）、执行董事（Executive Director，ED）都是靠坚实的步伐闯出来的，要么具备足够强的背景，在募资方面有巨大的贡献，要么在投资过程中有敏锐度，能够挖掘出收益率较高的投资项目。单纯靠父母的荫庇就任 MD、ED 的情况很少见。如果硬让接班的“投二代”一步到位，很难服众，也比较容易使投资机构内部出现离心离德的情况。

实体企业作为出资方，对股权投资机构的资金投入不在乎多少，也不太在乎成败，在乎的是这些筹码是否能将自己的子女培养成金融投资机构的佼佼者，最终不管子女是否接班，都能成为同侪中的翘楚。

股东赋能公司，公司反哺股东

前文多次谈及，什么样的股东是创业者最想要的股东。资金在本质上都是等价货币，而持有资金的机构或个人有资源匹配给创业公司，才是创业者最喜欢的。

个人投资者积累财富，一般都是靠自己的公司进行股权投资，有时候是因为对被投公司所属领域很熟悉，或者自己的公司与被投公司有业务往来和协同，或者虽然不熟悉被投公司所属领域但觉得自己的非同行业的资源能够给其带来新的订单。投资人股东这时候就能在业务上对接，与被投公司成立销售合资公司，用销售业绩来跟其做业绩对赌和股权奖励约定，非同行业的资源变现有可能带领被投公司跨界发展双主营业务，使其快速成为销售领域的佼佼者。而作为股东带来资源的投资人，不但能够获取销售提成收入，还能够在投资本金的基础上，扩大自己的股权比例，摊薄投资成本，增厚股权投资收益，何乐而不为？

销售合资公司的业绩对赌主要涉及垂类资源或者某个行政区域。假如投资人确实人脉和资金都非常充分，就可以约定一个 3 年的销售业绩底线，在完成 90% 以上的销售额时，投资人作为合资公司股东就能获得被投公司这一拟上市主体一定比例的股权激励。并且在协议中约定，在上市前，该拟上市主体需要以合资子公司的销售额为基础，对子公司的净利润以 6 ~ 15 倍的市盈率进行估值，收购合资方持有的股权。

除此之外，假如投资人股东在某地有强势的地方资源，便可以在争取当地政府项目的基础上，通过为政府实现就业完成指标、税收、购买土地使用权落地工厂等各项任务，为合资公司争取当地优惠的补贴和税收政策，甚至以子公司的名义拿到当地政府城投的股权投资。政府扶持还体现在帮助合资企业争取当地银行贷款，支持流动资金。

前些年，房地产公司作为出资方组建的创投公司层出不穷，这些公司资金十分充裕，其中出资低的能有 50%，另外 50% 找地方政府引导基金或者产业上下游进行配资，出资高的能够 100% 以自有资金出资。由于受到较高的市场化待遇，这些创投公司迅速招揽了大批私募基金顶尖人才，开始在市场上大肆寻找股权投资项目，基本上专注在医疗大健康、汽车制造、线下教育等领域。初心其实是为了配合房地产主业，拉着被投公司与政府谈判，以落地产能、增加就业、提高GDP为筹码，拿到价格更加优惠的土地，也是为了让未来建起来的房子能够更快找到配套服务或者租户，让一期开发出来的房产尽快活泛起来，提升周边房地产价格。这样下来，在后期开发的时候，房地产公司就能够攫取更高的溢价，通过预售迅速回笼现金，周而复始地完成土地投资开发。

不过好景不长，房地产公司的冬天来得太快，大批房地产系的创投公司作为集团的非主营业务，已经开始大规模裁员了，甚至出现了创投公司整体被裁撤的现象。这类投资标的在房地产公司的主要诉求面前都比较弱势，也正因为房地产公司不断暴雷，所持有的被投公司股权被司法冻结，被投公司的多轮融资都受此影响，无法完成增资流程。所以，被投公司选择什么性质的资金，也是一个值得研究的课题。

股东作为投资和销售的双重受益者，利益导向性非常明显，只要在充分赋能后总账里的投入产出比合理，投资就不算亏。

被投公司的麻烦事就是股东的麻烦事

在出资成立公司以及后续公司增资时，货币是出资的一种方式，此外还有多种方式，比如实物，包括但不限于机器设备、生产原料、设备机器零部件、货物、建筑物和厂房；知识产权等无形资产，包括商标权、专利权和著作权等；还有土地使用权等。

技术出资作为无形资产作价在提倡产学研结合、鼓励科研成果转化的今天，人们已经司空见惯。一些科研人员想投身创业洪流之中，便想寻求企业家买断自己在实验室研发出来的产品或者技术，同时将自己在此细分领域的研究成果打包装入新成立的公司。但问题在于，有些实验的经费源于国家补贴，如果被科研人员私下用于 A 股公司，则造成了国有财产的流失。对于国家而言，科研院所在耗费了大量的国家科研经费后，其产出的成果应该投到产业中，转化为生产力，才不会浪费资源，因此国家也把科技成果转化作为重要的发展策略。

科学技术研发的知识产权归属明晰，按照评估作价拿到了知识产权的所有权或独家使用权，并经过层层流程合理审批，保证了国家的投入得到相应的回报，这才可行。在这方面，科研人员一般都慎之又慎。不过也有一些科学研究成果可能是处于知识产权模糊地带的，比如在实验室实习的博士生在实习期间有了一些成果却故意隐瞒，等到离开实验室后才自行或者联合其他研究人员公布出来，并以此作价入股公司，这其实存在将职务发明挪作私用的重大问题。

《中华人民共和国专利法》(以下简称《专利法》)第六条规定："执行本单位任务或者主要是利用本单位的物质技术条件所完成的发明创造为职务发明创造。"《中华人民共和国专利法实施细则》(以下简称《专利法实施细则》)第十二条也对其进行了内涵上的限定，对两种情形做了具体说明。第一，"执行本单位的任务所完成的职务发明创造"主要包括："(一)在本职工作中作出的发明创造；(二)履行本单位交付的本职工作之外的任务所作出的发明创造；(三)退休、调离原单位后或者劳动、人事关系终止后1年内作出的，与其在原单位承担的本职工作或者原单位分配的任务有关的发明创造"，从而赋予"职务发明"较为明确的内涵。第二，"利用本单位的物质条件完成的发明创造"，这里的物质条件主要指“本单位的资金、设备、零部件、原材料或者不对外公开的技术资料等”。

为了解决现实生活中基于人才流动导致的职务发明的认定纠纷，《专利法实施细则》将“临时工作单位”也纳入了《专利法》第六条中所称的“本单位”的概念内涵。原则上，这一问题的解决应当遵从“合同优于法律”的原则，即有关发明创造成果权归属问题首先应当按照劳动合同中的约定来解决。

当然，双方可以再行协商作价补偿原单位或者实验室。但是这样就会给以其他形式入股公司的投资人带来麻烦，在知识产权产品无法使用期间，公司的生产和销售进程势必受到不良影响。因此，投资人入股公司时对无形资产应该重点关注。《公司法》中对由于其他股东出现问题导致公司受到损失的情况是有规定的，包括直接诉讼要求公司回购其股份、起诉损害公司利益的股东赔偿各项损失等。如果造成损害的股东没有补偿资金，又能够承诺快速解决问题，双方也可以协商以折价取得老股的形式作为补偿。

除了这些由其他股东带来的麻烦事，还有比如食品加工类产品出现原料过期等负面事件、视频播放类平台出现涉及黄赌毒的内容、直播类平台主播卷入某些丑闻风波等，不管是本身经营管理出了差错，还是竞争对手故意抹黑打击，如果不及时处理，就可能酿成大错，甚至对整个企业的生存造成威胁，就像因为马蹄铁上少了一颗钉子而输掉关键性战役的英国国王理查三世那样。

《韩非子·喻老》说："千丈之堤，以蝼蚁之穴溃；百尺之室，以突隙之烟焚。"股东虽然不是管理层，不能处处看到企业管理的漏洞，但作为利益最相关者，也应见微知著，有义务提醒管理层进行改进，才能防患于未然。

全民FA的“全民”包括股东

在企业界和金融圈有一个高频词FA，即做第三方咨询业务的财务顾问。资源的获取都不是无偿的，每份资源都是人们在生命中经过多年的积累获得的，既然是生意，那么肯定就需要讨论资源的价值，并确定一个价格。

现在，但凡有几位投资基金朋友的人，都想做FA来赚几乎无成本的中介费用。股东作为比较了解被投公司的人，更愿意为自己所持股份的增值付出精力和时间。但从短期看来，这也是纸上财富，并不能产生实际的经济效益，所以还需要与被投公司签署短期的财务顾问协议，拿到因为融资成功产生的中介费用，这也是权责利相当、劳有所得的体现。

做FA最担心的问题是被跳单，也就是说介绍了投资机构给企业，企业并没有兑现支付报酬的承诺。所以不管是股东还是专业的FA机构，在最初谈判确定合作意向后，就要与要服务的企业签署 FA 协议，确定双方的合作关系。当然，股东作为 FA，在被投公司中占有股份，因此被跳单的概率会小一些。根据双方的意向，可以分为独家 FA 或者非独家 FA。如果是作为股东出面做 FA 的话，一般会选择非独家 FA，毕竟不是专业或专门为某家企业服务的，不像市面上专门的 FA 机构，有专业团队提供专属服务。

作为 FA 的一方，要在 FA 协议中尽量弱化自己的义务和责任，最好只写明：协助甲方及其关联公司推荐、调查及筛选投资方并与投资方进行必要的沟通；安排、协助甲方或者其关联公司与投资方进行谈判直至签订投资协议或意向书；并约定未经甲方书面许可，不得泄露由于履行本协议而知悉的甲方的商业秘密，包括但不限于甲方及其关联公司的财务状况、融资状况等。这样就能避免在未来支付费用时发生不必要的扯皮。另外一定要明确：企业方同意按照 FA 方推荐的本轮投资方总投资金额的 ××% 向 FA 方支付专项融资服务费用；融资服务费用在企业方收到投资方的增资款之日起数个工作日内且收到 FA 方发票后，由企业方将对应的专项融资服务费用汇至 FA 方指定的账户；如果融资采用分期付款方式，企业方应当自每笔融资款到账之日起数个工作日内且收到 FA 方发票后向 FA 方支付专项融资服务费用。

最关键的条款确认无误，协议签字盖章后，可以用补充协议或者邮件等方式约定哪些投资机构属于自己介绍的，然后把相关机构介绍给企业。这都是把资源变现的买卖，如果对投资机构的偏好、资金量都有了解，那么就能够增强效率，也会让创业者觉得股东的资源靠谱，更愿意下功夫来对接和推进，也更容易成功。

第 14 章

跟你一起致富的同侪都有谁

从表面上看，这一章似乎跟前面各章关联性不强，实际上这部分内容是为了给个人投资者一个依据，在选择私募基金作为投资载体时，有相当大的参考意义。作为出资方，大家都有各种各样的诉求，但是普遍而言，追求基金产品的最大收益才是最本质的诉求。如果某基金产品既能满足所有出资人的诉求，又是一只完全市场化的基金，那就是完美至极的结果。个人投资者在分析私募基金本身的品质和单项产品的资金方构成时，会得出是否值得加入或者是否需要重金加入等结论。另外，可选基金的净资产收益率（Return on Equity，ROE）和投资回报率（Return on Investment，ROI），都将是作出投资决策的有力论据。

满足政府引导基金的要求难吗

投资是拉动国内经济发展的三驾马车之一，股权投资是其中长期且投资过程更具专业性的资产管理方式，政府的资金也一直青睐股权类投资，向其敞开怀抱之势愈演愈烈。

在《关于规范金融机构资产管理业务的指导意见》(银发〔2018〕106号，以下简称《资管新规》)发布之后，市场上的资金被关进笼子里，越来越多的资金聚集到政府手中，各地政府引导基金纷纷立足于帮助当地政府解决国企改革、招商引资、基础设施建设等亟须解决的要点进行布局，数量越来越多，规模越来越大，招揽优质GP，以投资拉动招商。政府引导基金除了支持常规的战略新兴行业以外，往往还结合当地的地理地貌和产业特色，引入优秀的基金管理机构，起到促进原有产业集群化、规模化、产业化的作用。

政府引导基金管理模式、子基金管理人准入标准、子基金设立标准、返投要求、退出管理、让利政策、风险控制等，是各地政府引导基金现行管理办法中常见的条款。

先重点解释一下“返投”的定义。顾名思义，返投指的是地方政府引导基金出资社会化子基金后，子基金按政府引导基金的要求，将一定数量的资金投入本地。各地政府引导基金要求返投比例从 1∶5 至 1∶1 不等，也由于返投是地方政府利用自有资金撬杠杆的行为，会影响基金市场化投资策略，所以除非投资机构本身在当地就有确定的被投项目，或者保证对外地被投项目有影响力，否则会在未来出资时被掣肘。

政府引导基金管理部门在制定办法时也充分考虑到了这一点，因此对返投认定的“返投当地”比较宽泛，尤其是对从外地引进的项目，更能够超额计算返投倍数。在子基金存续期内，返投当地大概包括几种类型：一是注册在外地的被投公司注册地迁往当地的；二是投资于当地引进人才创办的项目的（人才须担任董事长、总经理、法定代表人、研发部负责人且持股 20% 及以上）；三是当地以外的被投公司被当地注册公司收购的（一般限于持股比例大于 50% 的收购）；四是当地以外的被投公司在当地设立子公司的，一般按子公司在当地实际投资额（具体以经审计的财务报告为准）计算，但最高不超过子基金的投资额。

返投标准的宽泛程度和当地经济产业与申请的基金管理人方向的匹配度，会大大影响申报的机构数量，如果觉得返投有难度，投资机构照样会“用脚投票”。

“己所不欲，勿施于人”，各地政府明白让企业将注册地从其他地方搬迁到当地的难度。正因为如此，面向创投类 GP 管理基金的引导基金，为了能把早期企业注册在当地，开始招募擅长投早、中期项目的基金管理机构作为自己的“御用”机构。一家中小企业在成长为知名企业的过程中，少不了拿到注册地政府的政策优惠和各种补贴，在收入增长到一定体量后，注册地政府往往会把其列为重点关注对象。这类企业的成长性甚至会影响到当地主政官员的政绩。

企业想要搬迁注册地，就得先把政府给过的补贴还回来。

一些地方政府乃至产业园因为管理体制和能力等问题，还设置了出资比例高达 100% 的招商引资基金，把资金交给市场化管理机构来运营管理，唯一的要求就是为当地引进能够实际运营并产生税收的企业，以盘活产业园存量资产。近几年文化创意类产业不景气，新兴的产业园开始转型以引入和扶持科技类型企业为主，吸引高素质高学历人才的入驻。深耕当地产业园，也避免了泛泛接触各种不靠谱的项目，关注的只有是否能够落地和政府委派的投委会委员是否投赞成票。

如果能够超额完成地方政府的返投要求，GP是可以拿到非常优惠的让利条件的，主要体现在对门槛收益率以上的附带权益的分配让利上，如果完不成则会受到相应的权益降级。以某南方城市的引导基金管理为例：

某市基金公司原则上每年按年初科技创投基金实际到位的资金总额为基数提取管理费，管理费主要用于开展合作单位尽职调查、专家评审、投资管理、股权退出、日常运营等的业务支出与劳务支出。管理费从母基金专户中提取，提取比例根据管委会办公室对基金公司年度考核结果确定。年初按考核结果合格档次管理费用的50%提取，其余部分在年度考核结果确定后提取。具体标准如下：考核结果为优秀档次的，提取比例为1%；良好档次的，提取比例为0.8%；合格档次的，提取比例为0.6%；不达标档次的，提取比例为0.4%。

子基金到期清算时，在投资符合本管理办法有关规定，且科技创投基金收回全部实缴出资本金及按子基金合伙协议或章程获得归属于科技创投基金收益的前提下，再按如下比例进行让利，但最高让利金额不超过科技创投基金从子基金获得的全部收益，如同时符合以下情形的，按就高原则进行认定：(1) 对于子基金投资于注册在当地的种子期、初创期、成长期科技企业产生的收益中归属于科技创投基金部分的 60% 进行让利；(2) 子基金投资企业在子基金存续期内从当地外迁入当地且被市政府或市投促部门明确认定为市级重点招引项目或企业的，对该类项目产生的收益中归属于科技创投基金部分的 80% 进行让利。

上述科技创投基金让利的对象包括子基金管理机构和其他出资人，让利比例应在子基金合伙协议 / 章程或子基金管理机构和其他出资人签订的其他书面协议中明确规定。原则上子基金管理机构取得让利金额占总让利金额的比例不低于 20%。

简而言之，只要按照当地政府要求创造价值，自身资质能够过关，就大概率能拿到 50% 以内的基金配资。不过，在基金融资难度较大的今天，也要考虑到可投的优质资产并非能随手挑选，完成返投的你情我愿在实际操作过程中往往会遇到很大阻力。

怎么才能满足国家级母基金的标准

国家级母基金（Fund of Funds，FOF）立意高远，总体金额庞大，从国家层面出发支持优质 GP 管理机构成立基金。其在出资时希望子基金能够充分支持国家发展和改革委员会指定的战略新兴行业目录中的行业。各母基金由于主体不同，对行业或者对支持的阶段也各有侧重。

近几年，财政部作为主要出资方成立了国家科技成果转化引导基金、国家先进制造业产业投资基金、国家新兴产业创业投资引导基金、国家服务贸易创新发展引导基金、中国文化产业投资基金、国家中小企业发展基金、国家绿色发展基金等多个巨无霸级别母基金。由于上述基金资金来源均为财政部及各大部委、中央企业和国有企业，故对 GP 的申报标准相对更为严格。假设能够申报成功出资，则成为彰显 GP 综合实力的表现。

国家级母基金的具体运作方式大同小异，现以国家科技成果转化引导基金（以下简称“转化基金”）为例进行讲解。

转化基金遵循“引导性、间接性、非营利性、市场化”原则，投资方向主要为支持转化利用财政资金形成的科技成果，子基金应以不低于转化基金出资额3倍的资金投资于转化成果库中的企业，包括国家（行业、部门）科技计划（专项、项目）、地方科技计划（专项、项目）及其他由事业单位产生的新技术、新产品、新工艺、新材料、新装置及其系统等，其他投资方向应符合国家重点支持的高新技术领域。

转化基金采用事业单位管理制度，由受科学技术部、财政部所属的具有法人资格的中央级事业单位，即国家科技风险开发事业中心进行管理。科学技术部、财政部组织成立转化基金理事会，由科技、管理、法律、金融、投资、财务等领域的专家担任，为转化基金的运行提供必要的决策建议和支持。

转化基金成立的主要原因是，长久以来科技成果与经济发展脱节，科研投入巨大，产出不能有效推动经济发展。一是成果转化率不高，具体表现为科研重投入，轻绩效；重论文，轻应用；重成果，轻转化。二是投融资渠道不顺畅，具体表现为财税政策体系不完善，资本市场体系不完善等。除此之外，还有动力、能力不足，转化风险责任太大等原因。

转化基金有三种支持方式。（1）设立创业投资子基金：转化基金与符合条件的投资机构共同设立子基金，为转化科技成果的企业提供股权投资。（2）贷款风险补偿：转化基金对合作银行发放的成果转化贷款，给予一定的风险补偿。（3）绩效奖励：转化基金对为转化科技成果作出突出贡献的企业、科研院校或其他机构，给予一次性资金奖励。转化基金对子基金的参股比例为子基金总额的 20% ~ 30%，且始终不作为第一股东或最大出资人。同时，转化基金的管理办法中还制定了其他让利优惠政策。

申请国家级母基金的 GP 在证明自己实力的同时，也像申请地方政府引导基金那样有可能会得到国家级母基金的让利。在子基金存续期内，鼓励子基金的股东（出资人）或其他投资者购买转化基金所持子基金的股权或份额。在转让时，受让人在子基金注册之日起 4 年内（含 4 年）购买的，以转化基金原始出资额转让；4 年至 6 年内（含 6 年）购买的，以转化基金原始出资额及从第五年起按照转让时中国人民银行公布的一年期贷款基准利率计算的利息之和转让。在子基金存续期结束时，子基金的年平均收益率不低于子基金出资时中国人民银行公布的一年期贷款基准利率的，转化基金将其不超过 20% 的收益奖励给子基金管理机构。

市场化私募股权母基金对什么感兴趣

在《资管新规》出台之后，市场上出现的市场化的私募股权母基金（Private Equity Fund of Funds，PE FOFs）数量并不多，这是因为募资渠道越来越少，且规模体量都远远不如之前的银行等金融机构，对保险资金的要求又较为苛刻，故而募集到大资金的难度相当之大。

据了解，市场化私募股权母基金基本分为两种。一种是由国有机构管理本地的母基金，对返投没有具体要求，对财务收益要求较高。此类母基金对管理人的要求标准很高，基本只对权威榜单上的前几名基金管理机构感兴趣，对如 CVC 等其他管理机构都不太感兴趣。

还有一种是由民营市场化机构管理的母基金，资金来源包括上市公司产业资本、家族办公室、地方大型国有企业闲置资金以及地方产业引导基金。往往单一 LP 为了避免与其他 LP 的权益诉求发生冲突，会单独成立一只母基金，假如 GP 能够满足条件，在投资额度和金额限制以内，就会比较容易拿到这类 LP 的资金。上市公司产业资本，一般在上市公司横向合作方及纵向产业链上下功夫，要求所投的子基金有部分资金以这类企业为投资标的；多数家族办公室资金不多，奉行的也是分散风险的投资逻辑，对于筹备中大型基金的管理公司而言，无异于杯水车薪；地方大型国有企业资金，一般也与产业转型升级有关，新业务的转型需要大量的资本和相关企业助力，就要求申请母基金的 CVC 或者投资机构本身在标的或者 LP 层面与其有协同，最好是有业务往来，能够帮助其成功转型，完成当地政府下达的 KPI；至于拿了地方产业引导基金的母基金，基本跟前文所述的政府引导基金诉求一致，都是帮助当地政府招商引资，或者以资金扶持当地企业。某些地方政府会有 3 ~ 5 倍返投的要求，这往往让这类母基金很难找到申请方，形同虚设。

银行理财子公司投资股权基金的管理办法还没有出台施行，在此重点讲一下保险资金在股权投资基金里出资的条件。除了常规对基金管理人的合法合规要求之外，根据《保险资金投资股权暂行办法》（保监发〔2010〕79 号）的规定，投资股权基金有几个条件是必须且较难具备的：一是注册资本或者认缴资本应不低于 1 亿元且已建立风险准备金制度；二是管理资产余额不低于 30 亿元，且历史业绩优秀；三是具有稳定的管理团队，拥有不少于 10 名具有股权投资和相关经验的专业人员，且分别具有 3 年、5 年和 8 年以上相关经验的人数符合要求，拥有不少于 3 名熟悉企业运营、财务管理、项目融资的专业人员，已完成退出项目不少于 3 个。

相比而言，投资早中期企业的创业投资基金宽松一些。根据《关于保险资金投资创业投资基金有关事项的通知》（保监发〔2014〕101 号）的要求，保险公司投资创业投资基金的基金管理机构应具有 5 年以上创业投资管理经验，历史业绩优秀，累计管理创业投资资产规模不低于 10 亿元；为创业投资基金配备专属且稳定的管理团队，拥有不少于 5 名专业投资人员，成功退出的创业投资项目合计不少于 10 个，至少 3 名专业投资人员共同工作满 5 年；投资决策人员具备 5 年以上创业投资管理经验，其中至少 2 人具有 3 年以上企业管理运营经验。

在实际操作中，保险资金对每年能够有固定股息分红收益是有严格规定的，这是监管机构的硬性要求，这也决定了保险资金其实并不是市场化股权投资基金的最优选择。不过，当基金满足保险资金的基本要求，在基金前期投资成功且逐渐开始退出时扩募，经过征求其他 LP 的同意，甚至可以决定拿出 GP 的已分配收益来贴补每年的固定收益要求。

真正市场化的私募股权母基金，看中的还是 GP 的投资管理能力。其对投资标的行业性质和阶段虽然有偏好，但是对被投标的所处地域并无实质性要求，多几个限制条件，不但可能会错失好项目，还有可能出现为强行完成返投任务而投出几个烂项目，拉低了内部收益率（Internal Rate of Return，IRR）的情况。GP 不管不顾地去满足某一个 LP 的要求，忽略了基金的整体收益率，会导致其他 LP 的权益受到损害，这种情况伤人伤己，不可取。

QFLP成为股权投资LP生力军可期

外商投资股权投资企业（Qualified Foreign Limited Partner，QFLP），是指由境外企业或个人参与出资设立的，以非公开方式向境外投资者募集资金，投资国内非公开交易企业股权的企业。QFLP的优势在于募集资金和整合资金的能力强，通过募集境内外LP的资金，既可以做大资金规模，形成资金池概念，也能在备案手续上通过获得QFLP专项额度，使境外资金可以一笔汇入境内，减少了外商投资每笔均需备案的诸多流程环节，进而显著提升投资效率并分散单笔投资风险。

2019年《国家外汇管理局关于进一步促进跨境贸易投资便利化的通知》（汇发〔2019〕28号）的发布，意味着正式取消对非投资性外商投资企业以资本金开展境内股权投资的限制。2020年1月1日，《中华人民共和国外商投资法》（以下简称《外商投资法》）正式施行，对外商投资实行准入前国民待遇加负面清单管理制度，取消了外商投资企业设立与变更的审批和备案管理制度，同时，规定外国投资者（外国的自然人、企业或其他组织）在中国境内的出资及利润等合法所得，可以依法以人民币或者外汇形式自由汇入、汇出。根据《外商投资法》的相关规定，一般外商投资企业境内股权投资合法性得以进一步确立，一旦涉及资金募集或专项投资则必须备案，将私募基金转为 QFLP 基金。

据了解，现在允许开展 QFLP 试点的地区已达十余个，包括北京、深圳、上海、广州、海南、珠海、天津、福建平潭综合实验区、贵州贵阳综合保税区、青岛、厦门、苏州工业园区、雄安新区、广西自贸区南宁片区等地。大多数试点地区的 QFLP 政策原则上允许“内管外”的管理模式，即内资私募基金管理企业发起设立或受托管理 QFLP 基金，QFLP 基金的管理企业可以为注册在其他地区的企业。

QFLP 作为看好境内资产质量、看到境内投资机会的境外资金，对非上市公司股权投资也是钟爱的。

以下为笔者梳理的 QFLP 基金审批流程：（1）双方分工准备申请 QFLP 试点批文所需文件，大约需要 15 天；（2）提交申请 QFLP 试点批文所需文件给试点城市（区）金融局进行审批，大约需要 1 个月；（3）合资成立 QFLP 试点批文企业，大约需要 15 天；（4）准备中国证券投资基金业协会 QFLP 基金管理人备案文件，大约需要 2 个月；（5）提交 QFLP 基金管理人备案文件给中国证券投资基金业协会进行审批，大约需要 20 天；（6）审批等待期是 4 ~ 6 个月。

QFCP 结构及风险控制如图 14–1 所示。

总结 QFLP 的独特优势，具体包括：相关行政审批流程简化；内外资私募股权基金准入趋同，门槛较低；批准投资范围较为广泛，已有部分试点地区采取负面清单制，逐渐突破投资限制；人民币再投资业已取消信息登记和专户监管要求，结汇投资便利性提升；监管框架非常成熟，还可以与私募基金监管体系兼容，在监管实操层面节省了时间，有利于 QFLP 规范运作。

随着 QFLP 引入的便捷性进一步增强，相信体量巨大的“长钱”会成为境内股权投资基金的大资金池，对扶持我国战略新兴行业会起到关键作用。

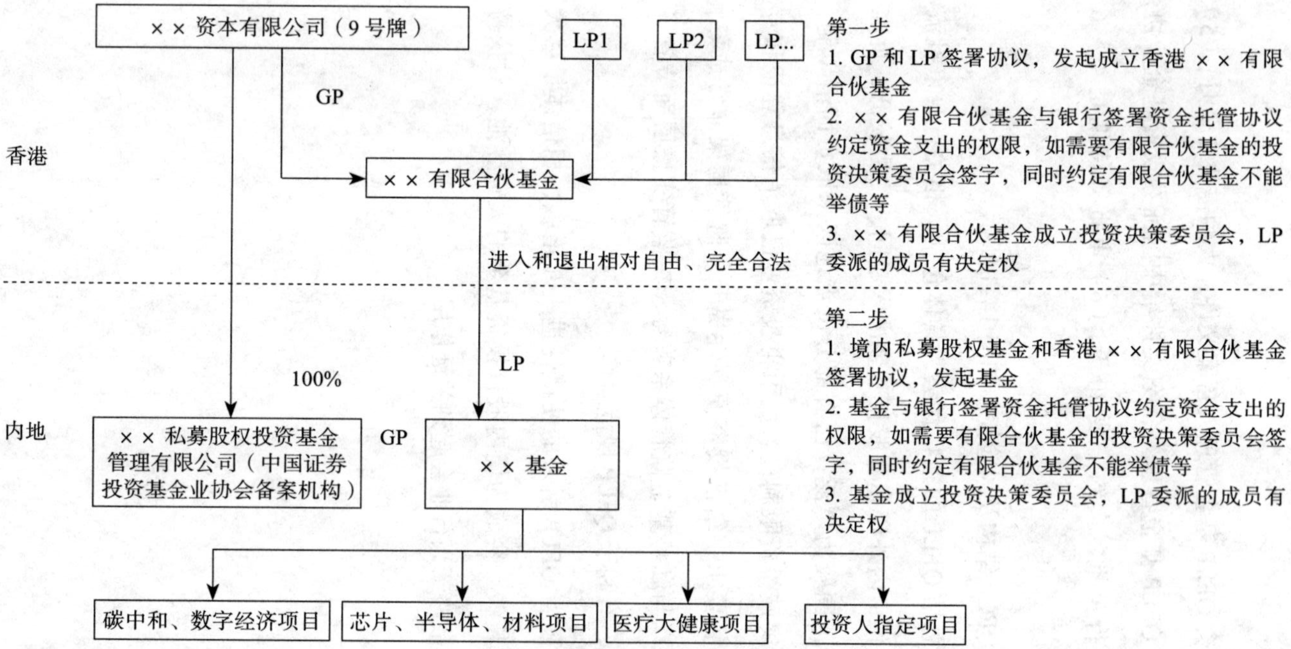

图 14-1 QFLP 结构及风险控制

附录 1

专业名词解释

1. GP（General Partner）：普通合伙人。有限合伙基金中承担基金管理人角色的投资管理机构。

2. LP（Limited Partner）：有限合伙人。有限合伙基金中的投资者。

3. 天使投资：权益资本投资的一种形式，指对原创项目或小型初创企业进行种子轮的投资。

4. VC（Venture Capital）：风险投资。由风险投资机构投入到新兴的、发展迅速的、具有巨大竞争潜力的企业中的一种权益资本，即对成长期企业的投资。

5. PE（Private Equity）：私募股权投资。狭义的 PE 主要指对已经形成一定规模的并且产生稳定现金流的成熟企业的私募股权投资。而广义的 PE 指涵盖企业 IPO 前各阶段的权益投资，即对处于种子期、初创期、发展期、扩展期、成熟期的企业所进行的投资。主要分为三种：PE-Growth，即投资扩张期及成熟期企业；PE-PIPE，即投资已上市企业；PE-Buyout，即企业并购，这是欧美许多著名私募股权基金公司的主要业务。

6. FOF（Fund of Funds）：母基金，是一种专门投资于其他基金的基金。

7. PE FOFs（Private Equity Fund of Funds）：私募股权母基金，指将投资人手中的资金集中起来，分散投资于数只 PE 基金的基金。这种类型的基金可以根据不同 PE 基金的特点构建投资组合，有效分散投资风险。

8. 承诺出资制：承诺出资是有限合伙基金的特点之一。在资金筹集的过程中，GP 会要求在基金成立之初先有一定比例的投资本金到位，而在后续的基金运作中，GP 根据项目进度的需要，以电话或其他形式通知 LP 认缴剩余部分本金。与资金一次到位的出资方式相比，承诺出资制大大提高了资金的使用效率。例如分三次出资分别为 40%、30%、30%，每次出资相隔 6 个月。如果投资者未能及时按期投入资金，按照协议他们将会被处以一定的罚金。

9. Hurdle Rate ：门槛收益率。门槛收益率是基金设立时即设定的，给基金管理人支付收益分成时基金需要达到的最低收益指标。投资实际收益达到该最低回报率基金管理人才可获取收益分成。

10. Preferred Return：优先收益。优先收益条款确保了基金管理人只有在基金投资表现优良之时，才能从投资收益中获取一定比例的回报。通常当投资收益超过某一门槛收益率（投资人应当获取的最低投资回报）后，基金管理人才能按照约定的附带权益条款从超额投资利润中获得一定比例的收益。例如某 PE 产品规定，基金管理人在投资人首先收回投资成本并获得年化 5% 优先回报的情况下，获取 10% 的净利润作为超额收益分配。

11. IPO（Initial Public Offerings）：首次公开募股，指一家公司（股份有限公司）第一次将它的股份向公众出售，也就是俗称的“上市”。通常，私募股权投资机构会期望以合理价格投资于未上市公司，成为其股东，待公司 IPO 后退出，获得高额回报。

12. 并购：一般指兼并和收购。兼并指两家或更多的独立公司合并组成一家公司，通常由一家占优势的公司吸收一家或多家公司。收购指一家公司用现金或有价证券购买另一家公司的股票、资产，以获得对该公司的全部资产或某项资产的所有权，或者对该公司的控制权。并购也是私募股权机构的一种主要退出方式。

13. 联合投资：对于一个投资项目，可能会有多个机构同时关注，当多个投资机构决定共同投资于该项目时，这样的投资方式被称作联合投资。一般来说，参与联合投资的机构有领投机构和跟投机构的区分，领投机构负责分析待投资企业商业计划书的可行性，跟投机构则主要参与商议投资条款。

14. ROI（Return on Investment）：投资回报率，是指通过投资而应获得的价值，即企业从一项投资活动中得到的经济回报，涵盖了企业的获利目标。利润和投入经营所必备的财产相关，因为管理人员必须通过投资和财产增值获得利润。投资可分为实业投资和金融投资两大类，人们平常所说的金融投资主要是指证券投资。投资回报率＝年利润或年均利润÷投资总额×100%。从公式可以看出，企业可以通过降低销售成本提高利润率，通过提高资产利用效率来提高投资回报率。投资回报率的优点是计算简单。投资回报率往往具有时效性——回报通常是基于某些特定年份。

15. ROE（Return on Equity）：净资产收益率，又称股东权益报酬率、净值报酬率、权益报酬率、权益利润率、净资产利润率，是净利润与平均股东权益的百分比，是公司税后利润除以净资产得到的百分比。该指标反映股东权益的收益水平，用以衡量公司运用自有资本的效率。指标值越高，说明投资带来的收益越高。该指标也体现了自有资本获得净收益的能力。

16. IRR（Internal Rate of Return）：内部收益率，是指资金流入现值总额与资金流出现值总额相等、净现值等于零时的折现率。

17. CI（Carried Interest）：附带权益，指基金的投资回

报中超过门槛收益率、由基金管理人获取的业绩提成部分。

18. MBO（Management Buy-Outs）：管理者收购，是公司的经营管理层利用自有或者募集资金购买公司股份，以实现对公司所有权结构、控制权结构和资产结构的改变，是实现经营管理者以所有者和经营者合一的身份主导重组公司，进而获得产权预期收益的一种收购行为。

| 附录 2 |

出资意向函模板

出资意向函

致：××× 股权投资管理有限公司

获悉贵公司管理的股权投资基金已进入募集阶段，我方及关联公司有意向参与认购贵公司的基金________（以最终工商注册名称为准）。

我方及关联公司承诺符合贵公司关于本次认购对象的要求，愿意向贵公司提供本次认购需要的相关资料并保证所提供的资料均真实、准确、有效。

我方同意本出资意向函一经盖章并以指定方式送达并经确认，即构成我方发出的正式认购意向，具有法律效力。并根据《中华人民共和国公司法》或《中华人民共和国合伙企业法》规定承诺如下：

1. 同意出资人民币______万元，作为本基金的股本（或合伙份额）。

2. 承诺按基金章程 / 有限合伙协议约定，按期缴资至本基金开设的银行托管账户。

3. 我方出资来源合法，并对上述出资的合法合规性承担全部责任。

出资人（机构）:（公章）

法定代表人 / 执行事务合伙人:（签名）

出资人（自然人）:（签名）

______年__月__日

| 附录 3 |

有限合伙协议模板

________合伙企业（有限合伙）

合伙协议

________年____月____日

目录

本《________合伙企业（有限合伙）合伙协议》（以下简称“本协议”）由以下各方于______年__月__日在____共同签署。

普通合伙人：__________________________。

有限合伙人 1：________________________。

有限合伙人 2：________________________。

（以下略）

本协议中，以上协议方合称“各方”。

各方均为依据中华人民共和国法律合法设立并有效存续的有限责任公司。

各方根据《中华人民共和国合伙企业法》（以下简称《合伙企业法》）及其他相关法律、行政法规及《企业重整计划》的有关规定，订立本协议，以资共同遵守。

第 1 条　定义

1.1　在本协议中，除非另有说明或文义另有所指，以下词语具有如下含义：

简称	含义
本协议	各方签署的本《____合伙企业（有限合伙）合伙协议》及其附件，包括对其的任何修订和补充
《合伙企业法》	由中华人民共和国第十届全国人民代表大会常务委员会第二十三次会议于2006年8月27日修订通过，自2007年6月1日起施行的《中华人民共和国合伙企业法》
中国	中华人民共和国，为本协议目的地，不包括香港特别行政区、澳门特别行政区及台湾地区
元	除另有说明，应为中华人民共和国法定货币，即人民币的单位
日	自然日
工作日	中国法定节假日、休息日之外的日期
季度	日历季度

1.2 本协议各条款的标题仅为方便查阅之用，不得影响本协议的解释，不得用以界定、限定、扩展或描述本协议的范围或本协议任何条文。

1.3 本协议中使用的“协议中”“协议下”等语句及类似引用语，其所指应为本协议的全部而并非本协议的任何特殊条款。

1.4 除本协议另有约定外，“以上”“以下”用以限定数字或比例时，包括本数。

1.5 除本协议另有约定外，本协议中提及的词语、定义与《企业重整计划》中词语、定义具有相同含义。

第2条　本合伙企业合伙人

2.1　普通合伙人。

2.1.1　各方一致同意，____担任本合伙企业的普通合伙人。____得以签署本合伙协议系基于____经招标程序选任为企业债转股合伙企业普通合伙人的身份。

2.1.2　各方一致同意，普通合伙人遴选规则中规定的与普通合伙人有关的义务、责任对____仍然具有约束力。

2.1.3　普通合伙人____的陈述与保证。

____向本合伙企业全体合伙人承诺：

（1）本单位为依照中国法律成立并有效存续的实体，本单位及本单位授权代表已经取得签订本协议和履行本协议项下义务所需的全部授权和批准手续，代表本单位在本协议上签字的主体为本单位合法有效的代表；

（2）签订和履行本协议项下的义务不会违反本单位营业执照、公司章程的规定，不会违反任何适用法律的规定，也不会违反本单位作为当事人一方的其他任何协议或合同；

（3）按照本协议约定、普通合伙人遴选规则及参与普通合伙人招标过程中作出的承诺妥善履行职责；

（4）除根据本协议约定退伙或将合伙权益全部转让给继任的普通合伙人外，在合伙企业按照《合伙企业法》和/或本协议约定解散或清算之前，普通合伙人始终履行本协议项下的职责。

2.2　有限合伙人。

2.2.1　发起设立本合伙企业的有限合伙人一致同意，按照重整计划及本协议第 6.2 条约定，接受对其享有的对任一或数家企业债权的调整，并以调整后的债权出资设立本合伙企业。

2.2.2　任何依本协议第 10.1 条成为本合伙企业有限合伙人的，自其继受取得合伙企业份额之日起，成为本协议当事人，受本协议约束。

2.2.3　为保障企业债权人通过资本市场实现顺利退出，各方一致同意，任一有限合伙人均不得以任何方式在其持有的合伙企业份额上设置权利负担，包括但不限于不得在合伙份额上设置抵质押、进行资产证券化等。

2.2.4　有限合伙人承诺：

（1）签订本协议和履行本协议项下的义务，不会与签订者自身公司章程或内部规章，任何法律、法规、规章、政府机构或部门的授权或批准，受之约束的任何合同或协议的任何规定有抵触，或导致对上述规定的违反，或构成对上述规定的不履行；

（2）已仔细阅读本协议并理解本协议条款之确切含义，不存在重大误解情形。

第 3 条　合伙企业的名称和主要经营场所的地点

3.1　本合伙企业名称为____合伙企业（有限合伙）（以工商登记机构实际核准的名称为准）。

3.2　本合伙企业主要经营场所位于____。

第 4 条　合伙目的、合伙经营范围、合伙期限

4.1　本合伙企业的合伙目的为根据《企业重整计划》规定，转股债权人将其持有的对企业任一或数家企业的债权经债务承担方式调整为对____企业的债权，再将该调整后的债权以出资的方式转化为本合伙企业的份额，最后由本合伙企业将持有的对____企业的债权转化为对____企业的股权，从而实现债权受偿。

4.2　合伙企业设立工商登记时，本合伙企业经营范围拟申请登记为企业管理、企业管理咨询（以工商实际核准登记为准）。

本合伙企业在存续期间除以对____企业的债权转为股权，并持有该____企业股权外，不得进行其他任何形式的投资或经营活动，不得对外举借任何债务，不得对外提供任何形式的担保。

4.3　本合伙企业的合伙期限为____年，自营业执照

签发之日起计算。合伙企业存续期限届满前，依本协议第8.2.2条经合伙人会议决议可延长合伙期限。

第5条 合伙人的姓名或者名称、住所

5.1 本合伙企业普通合伙人为____，统一社会信用代码____，住所地为____。

5.2 本合伙企业有限合伙人共____个。

第6条 合伙人的出资方式、数额和缴付期限

6.1 本合伙企业的普通合伙人以货币认缴出资____元，在____年____月____日前完成缴付。

6.2 有限合伙人出资。

6.2.1 发起设立本合伙企业的各有限合伙人同意根据《企业重整计划》，对其享有的对任一企业的债权以债务承担的方式进行一次或多次调整。

6.2.2 各方一致同意，发起设立本合伙企业的各有限合伙人以依照本协议第6.2.1条调整形成的对____企业的债权作价出资。

6.2.3 各方一致同意，发起设立本合伙企业的有限合伙人依照本协议第6.2.2条约定出资时，每____元债权作

价____元合伙企业认缴出资额设立本合伙企业。

6.2.4　各方一致同意，依照本协议第 6.2.2 条约定，完成本协议的签署，即视为有限合伙人同意将其拟出资债权转让给本合伙企业，本合伙企业自成立之日起成为原债权之债权人，合伙企业成立日即有限合伙人出资完成日。有限合伙人实缴出资完毕后，普通合伙人应代表合伙企业书面通知____企业，并取得____企业对该等债权出资的书面确认文件。

第 7 条　利润分配、亏损分担方式、相关费用

7.1　合伙企业利润分配。

7.1.1　普通合伙人不参与合伙企业利润分配，有限合伙人按照实缴出资比例参与合伙企业利润分配。

7.1.2　合伙企业分配当年净利润前，应当提取净利润的百分之一或合伙企业有限合伙人总认缴出资额的万分之三（以两者较高者为准）列为合伙企业运营储备金，合伙企业运营储备金余额达到或超过合伙企业认缴出资总额的千分之一时，则不再提取。

7.1.3　合伙企业存在以前年度亏损的，在根据本协议第 7.1.2 条的规定提取运营储备金之前，应当先用当年净利润弥补亏损。

7.1.4 合伙企业净利润在弥补亏损和提取运营储备金后剩余部分依照本协议第7.1.1条约定进行分配。

7.1.5 合伙企业提取的运营储备金仅用于本协议第7.5条约定的合伙企业的管理及运营支出，在合伙企业解散时仍有剩余的，剩余部分依照本协议第7.1.1条约定进行分配。

7.2 执行事务合伙人可按照本协议第7.1条拟订收益分配执行方案，经本合伙协议约定的有权审议或审批机构批准后实施。执行事务合伙人应在收到____企业分红、股权转让对价等收益对应的现金之日与有权审议或审批机构批准利润分配执行方案之日（以孰晚之日为准）起四十五日内按照本协议第7.1条完成分配。

7.3 合伙企业的合伙人应就所得分配依法缴纳所得税；依法应由合伙企业代缴的，合伙企业在依法代缴后将余款支付相关合伙人。

7.4 合伙企业的亏损由合伙企业承担。有限合伙人以认缴出资额为限对合伙企业债务承担责任。

7.5 合伙企业费用承担。

7.5.1 普通合伙人____担任合伙企业执行事务合伙人，依本协议约定负责本合伙企业的日常管理，每年以“合伙企业实缴资本×____”的标准向合伙企业收取管理费用。合伙企业在存续期间每满一年支付一次管理费，支付日期为____月____日（如遇节假日则顺延至下一工作日）（以下简称“管理费支付日”)。在管理费支付日，若合伙企业账户现金不足以支付管理费的，不足部分可顺延至下一工作日支付，直至合伙企业支付完全部管理费。为免疑义，合伙企业每年支付的管理费按合伙企业实际存续天数计算：合伙企业存续期首年，管理费计费天数为合伙企业设立日（含）至该年12月31日（含）期间的天数；合伙企业存续期最后一年，管理费计费天数为该年1月1日（含）至合伙企业注销日（不含）期间的天数；其余年份合伙企业存续期间的管理费计费天数为该年1月1日（含）至12月31日（含）期间的天数。年度管理费的计算公式为：

年度管理费金额 = 合伙企业实缴资本 ×____× 计费天数 ÷365。

7.5.2　合伙企业应承担与合伙企业设立、运营、终止、解散、清算相关费用，包括：

（1）合伙企业设立及存续期间产生的审计及资产评估费用；

（2）由政府部门收取的税费及办理工商手续相关费用（如有）；

（3）本协议第7.5.1条约定的合伙企业管理费用；

（4）合伙企业现金账户托管费用（如有）；

（5）合伙企业设立及存续期间产生的诉讼费用及法律服务费用；

（6）经投资决策委员会决议应由合伙企业承担的其他费用。

7.5.3 合伙企业的资产不足以承担本协议第 7.5.2 条约定费的［不包括 7.5.2（2）条约定的由政府部门收取的税费及办理工商手续相关费用］，由执行事务合伙人垫付。执行事务合伙人垫付资金的，累积垫付金额应不超过年度管理费的五倍。

就执行事务合伙人垫付的资金，合伙企业按照中国人民银行公布的同期贷款基准利率支付资金占用费，计费天数为支付垫付资金之日（含）至合伙企业偿还垫付资金之日（不含）。合伙企业清算时，仍有未偿付的垫付资金的，合伙企业结余财产分配前应先行偿付执行事务合伙人垫付的资金。

7.5.4 除本协议第 7.5.2 条约定外其他费用，由普通合伙人承担。

第 8 条 合伙企业决策机制

8.1 合伙人会议。

8.1.1 合伙人会议由全体合伙人组成，作为合伙企业的最高权力机构，负责决策合伙企业的重大事项，本协议约定由执行事务合伙人或投资决策委员会决策的事项除外。

8.1.2　合伙人会议分为年度会议和临时会议：

（1）年度会议由执行事务合伙人提议并组织召开，自合伙企业设立日后满一个完整会计年度开始，合伙企业每年召开一次年度会议；

（2）临时会议经投资决策委员会、执行事务合伙人、表决权占合伙企业表决权三分之一以上的合伙人或五分之一以上的有限合伙人提议，由执行事务合伙人在三十日内组织召开。

8.1.3　合伙人会议由执行事务合伙人召集并主持。执行事务合伙人应提前十五日向全体合伙人发出会议通知。会议通知内容包括但不限于会议时间及地点、召开方式、会议议程、拟表决事项、非现场表决方式及截止时间、会议联系人及联系方式等相关会议材料。但在以下情形中，执行事务合伙人可免于履行提前通知义务：

（1）经三分之二以上合伙人书面豁免；

（2）全体合伙人出席会议或签署会议决议，视同已豁免执行事务合伙人提前通知义务；

（3）其他全体合伙人认可的情形。

8.1.4　执行事务合伙人制作合伙人会议记录，如实反映合伙人会议召开及表决情况。

8.2　合伙人会议表决权。

8.2.1　合伙人以认缴出资额享有相应比例的表决权。

8.2.2　表决权行使。

（1）各有表决权的合伙人可以通过现场、通信或网络等非现场方式对重大事项进行表决。拟表决事项需由普通合伙人、表决权占合伙企业表决权三分之一以上的合伙人或五分之一以上的有限合伙人提议。表决权占合伙企业表决权三分之一以上的合伙人或五分之一以上的有限合伙人提出拟表决事项的，应当在合伙人会议召开十日前书面提交执行事务合伙人，执行事务合伙人应当在收到拟表决事项后三个工作日内发出补充通知。

（2）合伙企业的下列事项应经有表决权的合伙人数三分之二以上且表决权占合伙企业表决权三分之二以上的合伙人表决通过：

A. 改变合伙企业的名称、经营范围或主要经营场所的地点；

B. 决定调整合伙期限；

C. 修改或补充合伙协议（本协议已明确约定的修改或补充事项除外）；

D. 处分合伙企业财产；

E. 调整合伙企业收益分配规则；

F. 聘任合伙人以外的人担任合伙企业的经营管理人员；

G. 决定合伙企业的终止与解散、清算事宜；

H. 变更合伙企业清算人；

I. 决定更换投资决策委员会委员或解散投资决策委员会（本协议另有约定除外）；

J. 变更或撤销投资决策委员会决议；

K. 其他依本协议约定应经有表决权的合伙人数三分之二以上且表决权占合伙企业表决权三分之二以上的合伙人表决通过的事项。

特别的，普通合伙人对于改变合伙企业的经营范围、修改合伙协议中涉及普通合伙人权利义务条款、聘任合伙人以外的人担任合伙企业的经营管理人员事项，具有否决权。合伙人会议决定延长合伙期限的，且普通合伙人反对延期的，普通合伙人有权退伙。

（3）除本协议第 8.2.2（2）条约定的事项及投资决策委员会有权决议事项外，合伙人对合伙企业其他的有关事项作出决议，由表决权占合伙企业表决权二分之一以上的合伙人表决通过。

（4）合伙人会议设非现场表决方式的，执行事务合伙人按照本协议约定送达会议材料后，如合伙人未按时参会或未在会议通知载明的反馈时间（不少于七个工作日）内反馈书面意见的，则视为其同意相关议案。

（5）本协议对表决事项另有规定的，以该约定为准。

8.3　投资决策委员会。

8.3.1　合伙企业设投资决策委员会（以下简称“投委

会”）作为其日常经营的内部决策机构，负责就合伙企业债转股及股权管理涉及的事项及本协议约定的其他事项进行决策。执行事务合伙人应在其机构内设投资决策委员会办公室（以下简称“投委会办公室”），负责投委会会议的组织、决议的拟制和签发、监督投委会决议的执行等工作。

8.3.2 投委会的职能包括：

（1）批准有限合伙人退伙；

（2）批准执行事务合伙人制定或修订的除应由合伙人会议决定的事项以外的经营管理所需各项内部制度；

（3）批准合伙企业债权转股权及股权管理事项，包括但不限于合伙企业向____企业和/或____公司（如需）提名或委派董事、监事及其他高级管理人员；

（4）对____企业和/或____公司（如需）需要股东和/或董事（如需）决策事项作出决策；

（5）授权执行事务合伙人根据投委会决策代表合伙企业在____企业股东会/股东大会上进行表决并签署表决票、股东会决议、会议记录等相关法律文件；

（6）决定由合伙企业承担除本协议第7.5条约定以外的其他费用；

（7）提议召开临时合伙人会议；

（8）批准执行事务合伙人提交的合伙企业收益分配执行方案；

（9）对合伙人会议认为以及本协议规定应由投委会决议的事项作出决策。

8.3.3　投委会委员席位数量根据合伙企业合伙人数规模确定，合伙人数低于二十五名的，由五位成员组成，合伙人数在二十五名以上的，由七位成员组成；投委会成员中应当至少有一位普通合伙人推荐的委员。

全体合伙人通过签署本协议一致同意，投委会成立之时，初始委员由认缴出资额最高的四名或六名（根据委员席位确定）合伙人及普通合伙人各推荐一名，并以向执行事务合伙人提交委员推荐函（以下简称“推荐函”）的方式落实推荐。有推荐权的合伙人不行使委员推荐权的，则推荐权按照认缴出资额排名顺延，由下一名合伙人推荐委员。执行事务合伙人收到全部投委会委员的推荐函后五个工作日内，向合伙人发函（以下称“宣告函”）宣告投委会成立并开始运作。为进一步释疑，同一法人主体不同分支机构在本合伙企业项下的合伙份额将进行合并计算，视为该法人主体持有的份额，由相关分支机构协商后统一向执行事务合伙人推荐投委会委员。

因合伙企业份额收购、转让或退伙等原因导致认缴出资额排名发生变动的，执行事务合伙人应在工商登记变更后十个工作日内书面通知继任有权推荐投委会委员的合伙人推荐投委会委员；执行事务合伙人收到继任投委会委员的推荐函之日发生委员当然更换。执行事务合伙人应在委员更换后五个工作日内书面通知被更换委员的推荐方、委员及合伙人。原投委会委员须履行委员义务至新任委员任期起始之日；新任投委会委员任期自执行事务合伙人宣告函载明的任期起始日起，至合伙企业清算完毕之日止。

8.3.4　投委会委员任期自宣告函所载明的投委会成立之日起，至合伙企业清算完毕之日止。

投委会委员怠于履行委员职责、存在重大过失或其他不再适合担任委员情况的，执行事务合伙人、届时认缴出资额最高的四名或六名（根据委员席位确定）合伙人、表决权占合伙企业表决权三分之一以上的合伙人或五分之一以上的有限合伙人可向合伙人会议提议更换该委员，合伙人会议依本协议第8.2.2条约定对委员更换进行表决。

投委会委员可以书面通知执行事务合伙人的方式辞职；推荐方在有充足理由的情况下也可书面建议执行事务合伙人撤销或更换原委员推荐，并由执行事务合伙人审查决定是否予以撤销或更换。

合伙人会议决议更换投委会委员、投委会委员辞职或推荐方建议撤销推荐并经执行事务合伙人同意，由此形成空缺委员席的，由届时认缴出资额最高且投委会中无其推荐委员的合伙人推荐。该合伙人应向执行事务合伙人提交新任委员的推荐函。执行事务合伙人在收到新任委员推荐函后五个工作日内，参照本协议8.3.3条的程序将投委会委员更新情况书面告知合伙人。

8.3.5　投委会会议不定期召开，执行事务合伙人或任意一名投委会委员均有权提议召开投委会会议。执行事务合伙人认为应当召开或收到投委会委员召开投委会的提议且该提议所载事项符合投委会的决策权限的，执行事务合伙人应在五个工作日内召集投委会会议。

8.3.6　执行事务合伙人召集投委会会议，应提前三个工作日发送会议通知，但委员参加会议即可视为其放弃任何关于通知期的要求。投委会委员不得无故缺席会议，委员全体参与会议方为有效会议。投委会会议可以现场或电话会议、视频会议中一种或几种方式召开。执行事务合伙人可以决定不召集现场会议，而以书面形式对有关事项进行表决。

8.3.7　投委会委员每人享有一票表决权，投委会会议作出决策应经三分之二以上的委员同意方可通过和形成决议。但是，决定有限合伙人退伙的，应经投委会委员一致同意。

第9条　合伙事务的执行

9.1　执行事务合伙人。

9.1.1　执行事务合伙人由全体合伙人推举产生，应为中华人民共和国域内依法成立并合法存续的法人主体，具有独立承担民事责任的能力。

各方通过签署本协议一致同意委托普通合伙人____执行合伙事务、对外代表合伙企业；有限合伙人不执行合伙事务（《合伙企业法》第六十八条规定的行为不视为执行合伙事务），不得对外代表合伙企业。

9.1.2　执行事务合伙人应当定期向其他合伙人报告事务执行情况以及合伙企业的经营和财务状况，其执行合伙事务所产生的收益归合伙企业所有，产生的亏损由合伙企业承担。

9.1.3　不执行合伙事务的合伙人有权监督执行事务合伙人执行合伙事务的情况。执行合伙事务的合伙人有下列情形之一的，经有表决权的合伙人数三分之二以上且表决权占合伙企业表决权三分之二以上的合伙人同意，可以决议更换或除名执行事务合伙人：

（1）执行事务合伙人依本协议约定退伙；

（2）因故意或者重大过失给合伙企业造成重大损失；

（3）执行合伙事务时有重大不正当行为；

（4）未按本协议约定执行合伙企业事务的，对合伙企业进行管理。

9.1.4　执行事务合伙人的更换或除名应履行如下程序：

（1）有限合伙人在作出将执行事务合伙人除名的决定

的同时应作出接纳继任执行事务合伙人的决定；

（2）继任的执行事务合伙人签署书面文件确认同意受本协议约束并履行本协议规定的应由执行事务合伙人履行的职责和义务。

9.1.5　执行事务合伙人被更换或除名的，合伙企业将更换或除名通知送达被除名执行事务合伙人之日为更换或除名生效日。继任执行事务合伙人应在法律规定期间内向原登记机关变更登记。

9.2　各方一致同意，执行事务合伙人委派代表（以下简称“执行事务代表”）由执行事务合伙人委派。执行事务合伙人更换其委派的执行事务代表的，无须另行经其他合伙人同意，但应在更换后五个工作日内以书面形式通知其他合伙人。

9.3　执行事务合伙人的职权。

9.3.1　执行事务合伙人负责合伙企业的设立与管理，具体事项包括：

（1）准备合伙企业设立所需文件，办理合伙企业工商注册登记事宜。

（2）负责合伙企业资料档案及证照管理、财务税务处理、年度审计工作。

（3）对合伙人信息进行整理和维护，如发生合伙人入伙、退伙或转让合伙企业份额的，依法及时按照本协议的约定办理变更登记、备案等相关手续。

（4）根据____企业的实际经营状况，结合有限合伙人意见和要求制定股权处置方案，经合伙人会议依照本协议第8.2.2（2）条表决通过后执行股权处置方案。

（5）根据合伙企业收益情况执行经审议或批准的利润分配执行方案。

（6）自合伙企业成立之日起，应于每年6月30日前或取得经审计的____企业的财务报告等材料的三十日内（以孰晚之日为准）向有限合伙人提交年度报告，内容包括但不限于经审计的上年度财务报表、审计报告、上年度利润分配情况、截至上年度12月31日的有限合伙人在册情况及合伙事务执行情况。如合伙企业成立不满三个月的，执行事务合伙人可以不提交上一年度报告。

（7）依照本协议约定组织召开合伙人会议、投委会会议，听取各合伙人/投委会委员意见，执行合伙人会议及投委会决议。

（8）合伙企业解散时，完成合伙企业的清算工作。

（9）本协议约定的其他需要执行事务合伙人负责的事项。

9.3.2　执行事务合伙人负责实施合伙企业债转股及股权管理，具体事项包括：

（1）准备债转股所需材料，协助____企业办理工商变更登记手续，完成合伙企业债转股；

（2）协助制定____企业董事、监事、高级管理人员选任规则；

（3）征集合伙人对____企业董事、监事、高级管理人员的提名意见，提交本协议约定的决策或审批机构决议或审批；

（4）作为股东代表参加____企业股东大会，依照合伙企业合伙人会议及投委会决议行使股东权利，在股东权利行使完毕后的十个工作日内将会议情况及权利行使情况通报投委会；

（5）协助组织并列席____企业董事会、监事会，妥善保管会议材料并在会议召开后十个工作日内将会议情况向投委会反馈；

（6）根据____企业收益情况，协助____企业执行股利分配方案；

（7）列席____公司的股东会、董事会、监事会，妥善保管会议材料并在会议召开后十个工作日内将会议情况向投委会反馈；

（8）通过____企业了解____公司生产经营情况，定期向____企业、____公司收集财务报表，根据需要前往____公司进行实地调研，财务报表和调研结果需自获取之日起十个工作日内向投委会进行通报；

（9）对企业提供的审计报告进行质询，如发现有重大问题，自发现之日起十个工作日内向投委会报告并提出更换审计机构建议。

9.3.3 执行事务合伙人应采取为实现合伙目的、维护或争取合伙企业合法权益所必需的其他行动以及履行根据《合伙企业法》、本协议约定及合伙人会议决议应由其履行的其他职责。

9.4 本协议第9.3条项下执行事务合伙人的权利包括：

（1）选聘执行合伙企业审计事务的审计机构；

（2）选聘合伙企业的评估机构；

（3）选聘合伙企业的托管机构（如需）；

（4）为合伙企业的利益代表合伙企业提起诉讼或应诉，进行仲裁；

（5）根据国家税务管理规定处理合伙企业的涉税事项；

（6）代表合伙企业对外签署、交付和执行文件；

（7）按照本协议约定的决策或审批机构确定的人选，向____企业提名或委派董事、监事及高级管理人员；

（8）订立与合伙企业日常运营和管理有关的协议；

（9）自行决定更换执行事务代表；

（10）依照本协议第9.6条修改合伙协议；

（11）经合伙人会议依据本协议第8.2.2条决议由执行事务合伙人行使的其他权利。

9.5 各方同意通过签署本协议向执行事务合伙人进行

一项不可撤销的特别授权，授权执行事务合伙人代表全体及任一有限合伙人签署下列文件（为免疑义，执行事务合伙人进行该等事项后应及时通知各有限合伙人）：

（1）按照本协议第9.6条修改或修订的本协议；

（2）有关合伙企业的设立、审批、登记、备案的程序性文件；

（3）为完成符合本协议约定的合伙人入伙、退伙或合伙份额转让事项的程序性文件；

（4）为完成根据本协议应由特定比例之有限合伙人通过之事项，执行事务合伙人凭相关的书面决议或有限合伙人表决证明，即可代表全体有限合伙人签署本协议的修订及相关文件；

（5）担任合伙企业的清算人时，合伙企业根据本协议约定及《合伙企业法》的要求解散和终止的相关文件。

9.6　尽管有第8.2.2条约定，执行事务合伙人可独立决定就下列事项修改本协议：

（1）执行事务合伙人根据本协议的约定有权自行决定的事项。

（2）依本协议约定或相关法律规定发生合伙人入伙、退伙或合伙企业份额转让而导致本合伙企业合伙人出资额发生变化时对本协议或其附件进行修订。

（3）在该修改不会对任何有限合伙人造成任何不利影

响的情况下：A. 明确条款含义；B. 对本协议可能存在的笔误作出修正；C. 更正排版印刷错误或遗漏。

9.7　合伙协议根据第9.6条进行修改后，执行事务合伙人应在完成修改后五个工作日内向全体有限合伙人发送该修改内容的副本或描述该修改的书面通知。

第10条　入伙与退伙

10.1　入伙。

10.1.1　若发生普通合伙人退伙事项，则经全体合伙人一致同意，新合伙人可以通过现金出资的方式成为合伙企业普通合伙人，有限合伙人可以转变为普通合伙人。

若未发生普通合伙人退伙事项，则满足以下条件时，新合伙人可以通过现金出资的方式成为合伙企业普通合伙人，或有限合伙人可以转变为普通合伙人：（1）有表决权的合伙人数三分之二以上且表决权占合伙企业表决权三分之二以上的合伙人同意；（2）普通合伙人同意。

普通合伙人不得转变为有限合伙人。

10.1.2　新合伙人可以从原合伙人处取得部分或全部合伙份额后入伙。

10.1.3　新合伙人入伙应当依法订立书面入伙协议；订立书面入伙协议时，原合伙人应当向新合伙人如实告知合伙企业的经营状况和财务状况。

10.1.4　从普通合伙人或有限合伙人处取得部分或全部合伙企业份额入伙的新合伙人，与合伙企业持有该份额的原普通合伙人或有限合伙人享有同等权利，承担同等责任。

10.2　退伙。

10.2.1　普通合伙人有《合伙企业法》第四十五条规定的情形之一的，可以退伙；普通合伙人有《合伙企业法》第四十八条规定的情形之一的和有限合伙人有《合伙企业法》第四十八条第一款第一项、第三项至第五项规定情形之一的，必须退伙。

10.2.2　普通合伙人经有表决权的合伙人数三分之二以上且表决权占合伙企业表决权三分之二以上的合伙人表决通过可以转让全部合伙企业份额；有限合伙人可以转让其部分或全部合伙企业份额，无须经其他合伙人同意。

为避免合伙人部分转让合伙份额将导致合伙人数超过《合伙企业法》规定的合伙人数限制，有限合伙人仅可向本合伙企业其他合伙人转让其部分合伙企业份额，为进一步释疑，有限合伙人向本合伙企业合伙人之外其他第三方转让份额的，应将其持有的全部合伙份额转让给该第三方（即不得拆分其合伙份额）。

10.2.3　本合伙企业每一合伙人通过签署本协议，同意在本合伙企业合伙人转让合伙企业份额时，无条件放弃优先购买权。

10.2.4 在____公司或下属企业申请上市时，有限合伙人通过合伙企业对____公司或下属企业的投资被任何主管政府部门或交易所认定为有瑕疵、不适当或不符合证券法律法规和/或上市规则的要求而对____公司或下属企业的上市造成不利影响或者造成阻碍的（导致该等情况的有限合伙人称为“瑕疵合伙人”），各方一致同意按如下程序办理：

（1）执行事务合伙人有权要求瑕疵合伙人在接到执行事务合伙人书面通知（书面通知需明确被确认为瑕疵合伙人的主要依据文件）之日起三十个工作日内将其持有的合伙企业份额向其自行选定的受让方进行转让，其选定的受让方不得存在可能会对____公司或下属企业的上市造成不利影响或造成阻碍的情形。

（2）瑕疵合伙人在上述期限内未完成合伙企业份额转让的，本合伙企业有表决权的合伙人一致同意按照《合伙企业法》的规定将瑕疵合伙人除名。

（3）瑕疵合伙人根据本条的约定被除名的，执行事务合伙人应在合理期限内向该退伙或被除名的瑕疵合伙人以现金分配的方式返还财产，返还金额为其合伙份额对应的合伙企业财产金额扣除瑕疵合伙人给合伙企业和其他合伙人造成的损失（如有）后的余额。为免疑义，若合伙企业届时没有充足现金，则该等现金分配方式的财产返还可以延期至合伙企业拥有充足现金时进行。

10.2.5　普通合伙人退伙的，在其履行完毕本协议约定的应尽义务后，退还其实缴出资额及按照中国人民银行公布的同期贷款基准利率计算的合伙期间利息，普通合伙人的退伙应经全体合伙人一致同意。

10.2.6　除发生当然退伙或法律法规规定的其他情形，任一有限合伙人退伙均须经投委会审议通过。

10.2.7　有限合伙人退伙的，向执行事务合伙人提出书面退伙申请，由执行事务合伙人提交投委会审议。经投委会审议通过后，由执行事务合伙人根据该合伙人在合伙企业中的出资比例确定该合伙份额对应的合伙企业财产份额（____企业股权及其他收益），并书面（加盖合伙企业公章）反馈该退伙申请人，以作为该有限合伙人退伙时的金额认定凭证。

10.2.8　有限合伙人退伙的，原则上应退还其合伙企业份额对应的合伙企业持有的____企业股权及其他收益；为免疑义，如受限于法律规定或根据当时客观情形无法返还其合伙企业份额对应的合伙企业持有的____企业股权及其他收益的（“客观不能退伙情形”），则在该客观不能退伙情形解除前，该有限合伙人不得退伙。

经投委会决议通过，且合伙企业有足额现金（运营储备金除外）用于支付合伙企业份额对应财产的退还，可以以货币形式退还。

10.2.9 各方一致同意，有限合伙人退伙或转让合伙企业份额的，参照以下程序办理。

（1）退伙程序。

执行事务合伙人每年4月集中受理退伙申请，对于当年度4月30日之前已向执行事务合伙人提出办理申请并提供相关材料的，执行事务合伙人于每年5月完成投委会审批并将审批结果告知申请人。

对于投委会同意退伙申请的，执行事务合伙人在批准之日起两个月内完成退伙相关程序。

（2）份额转让程序。

执行事务合伙人每年4月集中受理合伙份额转让涉及的合伙人名册变更、工商登记变更等手续办理申请，对于当年度4月30日之前已向执行事务合伙人提出办理申请并提供相关材料的，执行事务合伙人于每年4月后两个月内办理完毕相关手续。

（3）份额转让及退伙涉及的分红、表决权处理。

各方一致同意，执行事务合伙人将基于截至本年度3月31日合伙人名册载明的有限合伙人情况处理分红和表决权等事宜，对于当年度3月31日之前有限合伙人已退伙或转让份额的，普通合伙人仍按照3月31日登记在册的有限合伙人情况处理分红、表决权等事宜，相关有限合伙人对该期间的损益等事项自行处理，执行事务合伙人不承担由此导致的任何法律责任。

（4）工商变更登记配合事项。

全体合伙人确认，如届时工商变更登记手续要求全体合伙人重新签署合伙人协议，则全体合伙人予以配合，执行事务合伙人将须重新签署的合伙人协议按照本协议约定送达各有限合伙人。若因合伙协议未按时签署完毕不能办理或不能按时办理工商变更登记的，由此产生的法律风险及责任，由相关有限合伙人承担。

（5）合理理由。

因不可抗力、情势变更或其他有限合伙人认可的合理理由，执行事务合伙人未在上述期限内完成退伙人退伙或份额转让相关手续办理的，执行事务合伙人应及时通知该有限合伙人，并根据有限合伙人的指示进行后续操作，直至退伙完成或相关手续办理完成。

（6）延迟办理责任。

执行事务合伙人因故意或重大过失未按照本条约定办理合伙人退伙或份额转让事宜的，应就延迟或不当作为向该要求退伙的有限合伙人承担相应责任。

10.2.10　合伙人违反规定退伙，给合伙企业造成损失的，应当承担赔偿责任。

第11条 合伙企业的解散与清算

11.1 合伙企业的解散。

合伙企业有下列情形之一的，应当解散：

（1）经合伙人会议决议合伙企业解散；

（2）合伙企业持有的____企业股权全部减持完毕；

（3）出现《合伙企业法》及其他法律、法规规定应当予以解散的其他事由。

11.2 合伙企业的清算。

11.2.1 合伙企业解散的，按照《合伙企业法》的规定进行清算。

11.2.2 除合伙人会议依本协议第8.2.2条约定决议变更清算人外，全体合伙人一致同意指定执行事务合伙人担任清算人。

11.2.3 各方一致同意，合伙企业清算时仍持有____企业股权等非现金资产的，授权清算人在合伙企业清算时尽合理努力变现合伙企业持有的____企业股权等结余非现金资产；但无法变现或合伙人会议依据本协议第8.2.2（2）条决议不变现或执行事务合伙人认为不变现更符合全体合伙人利益并经投委会审议通过的，可以不予变现。

11.2.4 清算人按照本协议第11.2.3条变现合伙企业结余非现金资产的，除具有公开市场价格资产外，应参考第三方专业评估机构估值确定变现价值。

11.2.5　合伙企业清算时，结余财产应当依照本协议第7.1.1条进行分配。结余财产涉及现金与非现金分配的，以同一现金与非现金比例向各合伙人分配财产。

第12条　责任承担及争议解决

12.1　责任承担。

12.1.1　合伙人违反合伙协议的，应当依法承担违约责任，给合伙企业或者其他合伙人造成损失的，依法承担赔偿责任，包括但不限于诉讼费、律师费、交通费、住宿费。

12.1.2　执行事务合伙人责任承担。

（1）执行事务合伙人应当依本协议约定在合伙企业授权范围内基于诚实信用原则履行职务。违反本协议约定，超越合伙企业授权范围履行职务，或者在履行职务过程中因故意或者重大过失给合伙企业造成损失的，执行事务合伙人应依法承担赔偿责任，同时有限合伙人可依本协议第9.1条规定将执行事务合伙人更换或除名。

（2）执行事务合伙人利用职务上的便利，将应当归合伙企业的利益据为己有或者采取其他手段侵占合伙企业财产的，应当将该利益和财产退还合伙企业；给合伙企业或者其他合伙人造成损失的，执行事务合伙人依法承担赔偿责任。

12.1.3 执行事务合伙人及其关联方不应被要求返还任何合伙人的出资，不对合伙企业未来的经营业绩向有限合伙人作出任何保证或承诺，亦不对有限合伙人的投资收益保底；所有出资返还及投资回报均应源自合伙企业的可用资产。

12.1.4 除非由于故意或重大过失行为，执行事务合伙人及其管理人员不应对执行合伙事务所导致的合伙企业或任何有限合伙人的损失负责。为免疑义，对于本协议项下授权执行事务合伙人处理的事项及执行事务合伙人根据合伙人会议决议或投委会决议执行的事项，除非执行事务合伙人存在故意或重大过失，执行事务合伙人不承担任何责任。

12.1.5 各方一致同意，执行事务合伙人及其合伙人、管理团队、雇员、关联方，及其聘请的代理人、顾问和工作人员等人士（以下合称“受补偿方”），为履行其对执行事务合伙人或合伙企业的各项职责、处理合伙企业委托事项而产生的责任及义务均基于合伙企业。如受补偿方因履行本协议约定职责或办理本协议约定受托事项遭致索赔、诉讼、仲裁、调查或其他法律程序，合伙企业应补偿受补偿方因此导致的全部索赔、责任、成本和费用（包括律师费、诉讼费、仲裁费等相关费用，以及用来抗辩与和解的费用），并确保受补偿方免受损害，但以下情形除外：（1）该等损失、费用以及相关的法律程序是由于受补偿方的故意或重大过失引起的；（2）该等损失、费用以及相关的法律程序是由于受补偿方之间的纠纷或争议引起的。

尽管有本协议的其他约定，若合伙企业财产不足以履行免责保证义务或其他债务，为满足合伙企业在前述约定下的全部或部分免责保证义务或其他债务，执行事务合伙人可要求合伙企业在未来拥有合伙企业财产时继续履行该等免责保证义务或其他债务。

12.2　争议解决。

凡因本协议所发生或与本协议有关的任何争议，争议各方可以通过协商或者调解解决；不愿通过协商、调解解决或者协商、调解不成的，应通过向合伙企业住所地有管辖权的人民法院提起诉讼解决。

第 13 条　保密条款

13.1　各合伙人不得就本协议、本协议提及的其他任何协议、合伙企业的财务报表及其他信息、任何企业的信息向任何第三人进行披露，但是以下情况除外：

（1）非因合伙人或其任何代理人违反本条的约定而已被公众所知的信息；

（2）合伙人因履行法定义务或在任何法律程序中依法必须提供的信息；

（3）向其雇员和专业顾问披露的信息（包括合伙人的审计师和法律顾问），并且该等人士已书面保证遵守该合伙人在本协议下的保密义务；

（4）应具有适当管辖权之监管机构的要求而提供或披露相关信息。

13.2 有限合伙人依据本协议第 13.1（4）条披露合伙企业相关信息的，执行事务合伙人应当予以必要协助；执行事务合伙人依据本协议第 13.1（4）条披露有限合伙人相关信息的，有限合伙人应当给予必要协助。

13.3 依据本协议第 13.1 条而披露信息的有限合伙人须在法律法规许可的范围内事先通知执行事务合伙人，以便执行事务合伙人有足够时间采取其认为必要的合理措施。

13.4 对于受合伙企业签订的协议约束或依法律规定不能披露的信息，执行事务合伙人无须向有限合伙人披露。

13.5 向企业管理人及企业其他债转股合伙企业的执行事务合伙人披露相关信息，以及进行市场化债转股数据报送，不视为违反前述保密条款的约定。

第 14 条 其他事项

14.1 本协议的附件为协议不可分割的组成部分，与本协议正文具有同等法律效力。但如该附件内容与本协议正文不一致的，以本协议正文为准。

14.2　本协议未尽事宜，另行达成补充协议或按《企业重整计划》《合伙企业法》及其他相关法律、法规的规定执行。

14.3　通知。

14.3.1　本协议项下任何通知、议案、报告、拟表决事项、要求或其他信息应以书面形式作出，并且可通过特快专递、传真、电子邮件的方式发送至本协议约定地址。为免疑义，各方进一步确认，执行事务合伙人及合伙份额相关交易方均无义务去核实送达地址的有效性，相关送达内容在交付或发送至下列地址，即为完成发送或送达：

给合伙企业的通知发送至：

地址______________________________________

传真______________________________________

电话______________________________________

邮箱______________________________________

收件人____________________________________

14.3.2　合伙企业及各合伙人了解并知悉本协议列明的送达地址将提供给合伙人会议、投委会、合伙人，以作为各项通知、议案、报告、决议事项等相关内容及信息的送达地址，合伙企业及本协议各方保证预留本协议的送达地址的真实性、准确性、有效性。合伙企业及各合伙人任何一方送达地址发生变动的，应在送达地址发生变动前十个工作日内通知另一方。送达地址变动未及时通知造成的损失由送达地址变动方自行承担。

14.3.3　除非有证据证明其已提前收到，否则：

（1）在派专人交付的情况下，通知于送至第14.3.1条所述的地址时视为送达；

（2）在通过邮资预付的挂号邮件、航空邮件或快递发出的情况下，通知于邮寄后五个工作日视为送达；

（3）在以传真发送的情况下，通知于发件人传真机记录传输确认时视为送达；

（4）在以邮件发送的情况下，通知于发件人邮箱记录传输确认时视为送达。

14.4　除非本协议另有规定，合伙人未行使或迟延行使本协议项下的权利并不构成对这些权利放弃，而单一或部分行使这些权利并不排斥对其他任何权利行使。

14.5　本协议的任何条款因法律适用而无效或不可强制执行，不影响其余条款的有效性。

14.6　本协议自各方签署之日起生效，如合同方为非自然人的，则其法定代表人/负责人或授权代表签字并加盖公章后方可视为合格的签署行为。

14.7　本协议的签署、效力、履行、解释和争议的解决均适用中国法律。

14.8　本协议一式____份，合伙人各持一份，各份均具有同等法律效力。

（以下无正文，为签字盖章页）

（本页无正文，为《____合伙企业（有限合伙）合伙协议》之签署页）

本协议由以下签署方于本协议开头所列日期签署：

普通合伙人/执行事务合伙人：
（盖章）

法定代表人/授权代表签字：

（本页无正文，为《____合伙企业（有限合伙）合伙协议》之签署页）

本协议由以下签署方于本协议开头所列日期签署：

有限合伙人：
（盖章 / 签字）

法定代表人 / 授权代表签字：

后记

转眼间，距离第一本书《投资人的逻辑》出版也有近一年了，书的反响还是很强烈的。好友纷纷出手支持，口口相传，宣传力度也足够，上市第一天便脱销，更是在当当网投资理财新书榜连续两周多位于“榜一”位置，期待这本书也能再现辉煌。

十数年的工作经验厚积薄发，老树再发新枝。2021 年春节期间，灵感再度被触动，很多之前经历过的事和遇到的人涌上心头。人们常说，写作是偷走别人的生活，其实写作是用文字对现实生活进行镜像反射。写作的内容基于事实，又有改写和升华的成分。因为夹杂了作者独特视角的观感，甚至还有情感好恶，有源于价值观的甄别判断。

不管怎么说，总有一些心绪是要表达出来的。在金融投资的路上，笔者始终孤独前行，对自己负责，对自己投资过的项目负责，爱惜自己的羽毛，懂得人生留痕不可磨灭，也懂得要给人生留白。

在此，特别感谢我的好朋友（排名不分先后）丁麒铭、洪英莉、王文韬、肖伟、翁筱枫、宋珩、宁涵昭、张凡、杨学理、张云松、王宜明、张运霞、张全军、隋奕、吴金刚、杜志毅、马薇、徐笑言、邵剑彪、汪方怀、张艳阳、徐鑫、倪朗、王嘉彦、王耀军、庄川杰、井泉、甘泉、葛强、黄山、张海军，也祝愿他们平安康健，宏图大展。